C.S. PACAT JOHANNA THE MAD JOANA LAFUENTE

FENCE™

BAND EINS

Impressum:
Die deutsche Ausgabe von **FENCE – Band 1** wird herausgegeben von
CROCU / Inh. Andreas Mergenthaler; Teinacher Straße 72, 71634 Ludwigsburg;
Verlagsleitung: Luciana Bawidamann; Programmleitung Comics und Lektorat: Jenny Franz;
Übersetzung: Denis Martynov; Korrektorat: Silvano Loureiro Pinto; Lettering und Layout:
Sarah Mast; Leitung Produktion und Grafik: Elke Epple; Leitung Vertrieb: Peter Sowade;
Herstellung: Hannah Düser; Marketing: Jana Rahders; Druck: Hagemayer, Wien.
Printed in the E.U.

April 2023 | ISBN: 978-3-98743-041-1 | www.crocu.de

GESCHRIEBEN VON
C.S. Pacat

ILLUSTRIERT VON
Johanna the Mad

FARBEN VON
Joana LaFuente

ÜBERSETZT VON
Denis Martynov

TECHNISCHER BERATER
Pieter Leeuwenburgh

SCHUL-LOGO-DESIGNS
Fawn Lau

COVER VON
Johanna the Mad

SERIENDESIGNER
Marie Krupina

DESIGNER US-SAMMELBAND
Bones Leopard

REDAKTION US-AUSGABE
Shannon Watters & Dafna Pleban

ENTWICKELT VON
C.S. Pacat & Johanna the Mad

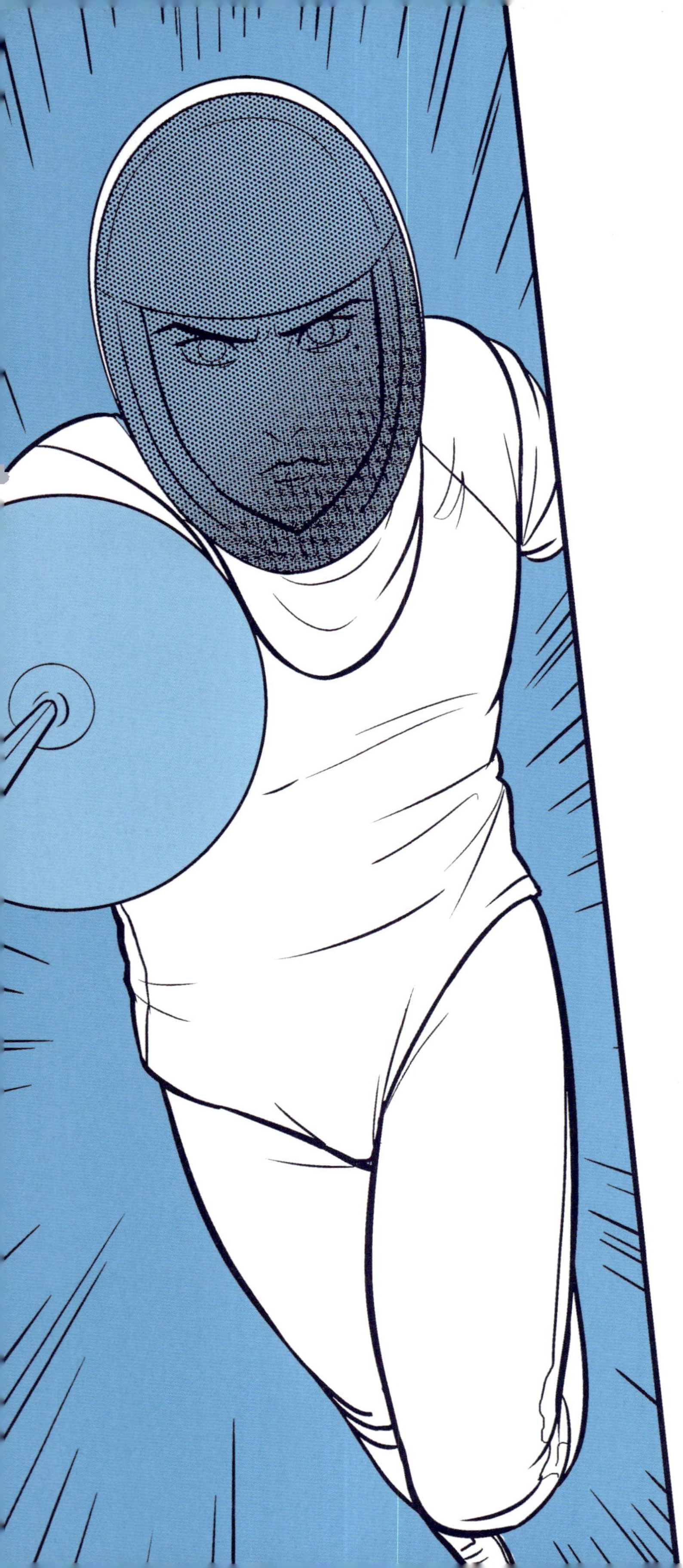

KAPITEL
Eins

FISCHER
RIBOUD
PUSCH
BELLONE
POFFET
BORRMANN
COSTE
RIBOUD
BELLONE
COSTE
55 BOISAGGO
194 COSTE USA 4
MAN SAGT, DIE SPITZE DES DEGENS SEI DAS SCHNELLSTE BEI DEN OLYMPISCHEN SPIELEN, ABGESEHEN VON DER GEWEHRKUGEL.
VON AUSSEN BETRACHTET **VERSCHWIMMT** SIE FÖRMLICH.
SO SCHNELL GEWINNT ODER VERLIERT MAN AUCH.
ROBERT COSTE HOLT GOLD FÜR DIE USA
– OLYMPISCHER SIEG IN L.A. –
obert Coste schlug Boisaggo 4:10 in einem historischen Finale und gewann die erste Degen-Goldmedaille für die USA.
Kein anderer amerikanischer Fechter schaffte dies bei den olympischen Spielen außer Post, der in 1904 den Sieg in Singlestick, einer nicht mehr fortgesetzten Disziplin, davontrug. Der Sieg am Mittwoch setzt die beeindruckende Siegesserie des
Coste fort, der als und amtierender
Kampf antrat er den Titel bei der
Teams.
UND ZWAR IM NU.
CONNECTICUT REGIONALVERBUND
SAISON 2018
NAME?
ANMELDUNG
ELDUNG

NICHOLAS COX.
BIST NICHT AUF DER LISTE.
BIN EIN NACHRÜCKER.
WO IST DEIN COACH?
JOE
FECHT-COACH
(Teilzeit)
ZU HAUSE GEBLIEBEN.
Kyle Stevens
Nicholas Cox
Seiji Katayama
Rahul Sharma
HIER. NICHOLAS COX, U-16, DEGEN EINZEL ...
... GEGEN SEIJI KATAYAMA IN DER ERSTEN AUSSCHEIDUNGSRUNDE?

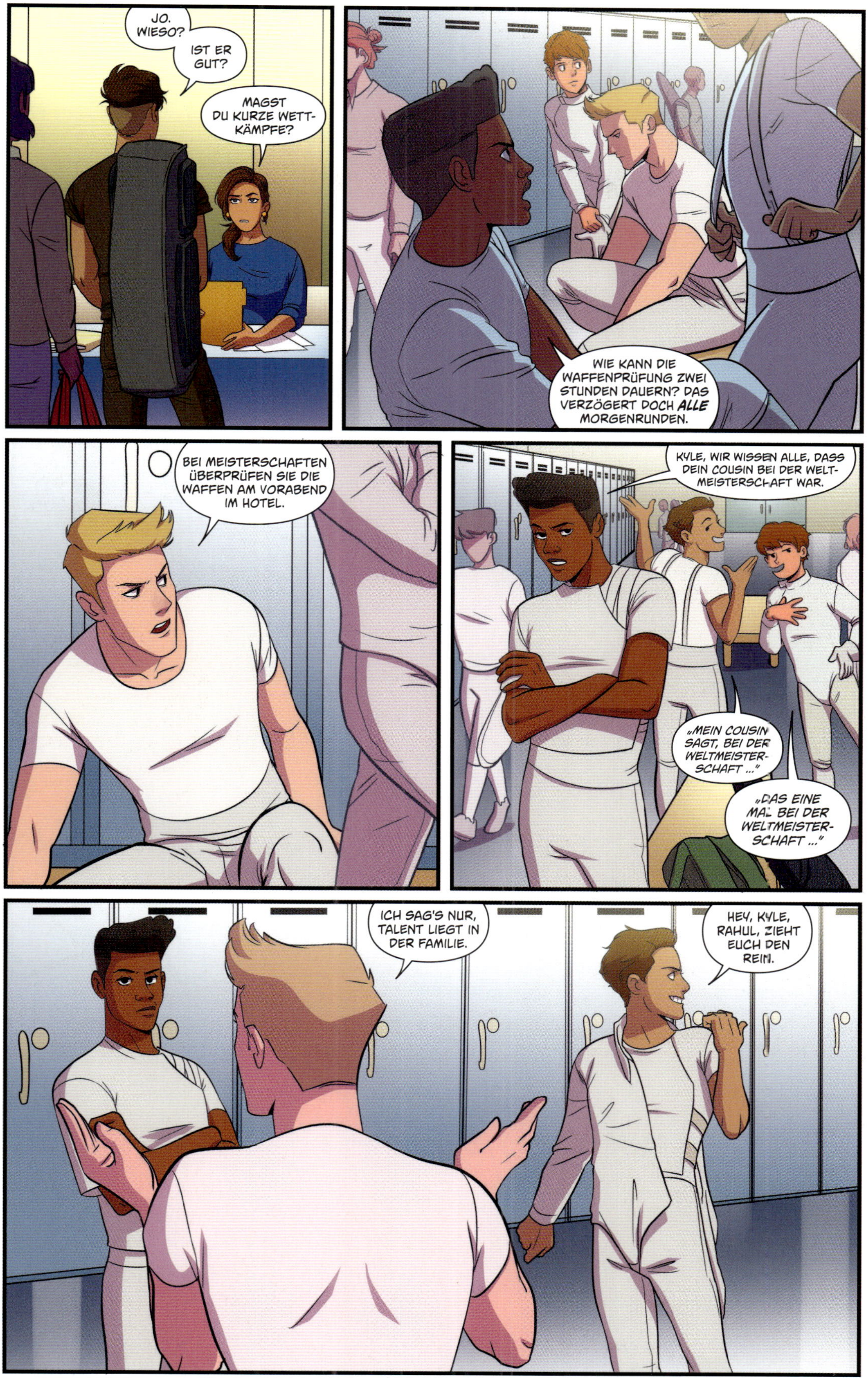
JO. WIESO?
IST ER GUT?
MAGST DU KURZE WETT-KÄMPFE?
WIE KANN DIE WAFFENPRÜFUNG ZWEI STUNDEN DAUERN? DAS VERZÖGERT DOCH ALLE MORGENRUNDEN.
BEI MEISTERSCHAFTEN ÜBERPRÜFEN SIE DIE WAFFEN AM VORABEND IM HOTEL.
KYLE, WIR WISSEN ALLE, DASS DEIN COUSIN BEI DER WELT-MEISTERSCHAFT WAR.
„MEIN COUSIN SAGT, BEI DER WELTMEISTER-SCHAFT …"
„DAS EINE MAL BEI DER WELTMEISTER-SCHAFT …"
ICH SAG'S NUR, TALENT LIEGT IN DER FAMILIE.
HEY, KYLE, RAHUL, ZIEHT EUCH DEN REIN.

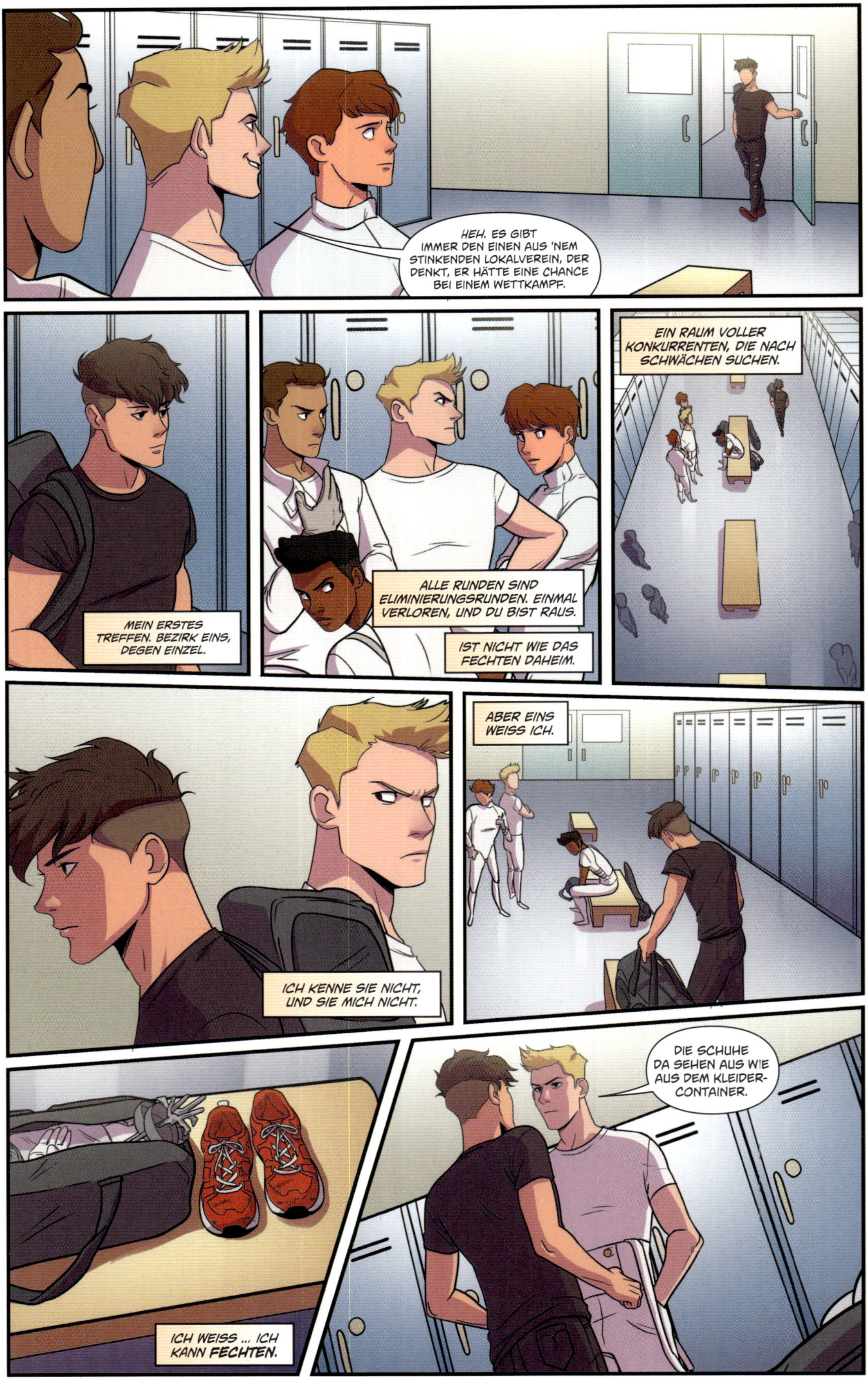
HEH. ES GIBT IMMER DEN EINEN AUS 'NEM STINKENDEN LOKALVEREIN, DER DENKT, ER HÄTTE EINE CHANCE BEI EINEM WETTKAMPF.
MEIN ERSTES TREFFEN. BEZIRK EINS, DEGEN EINZEL.
ALLE RUNDEN SIND ELIMINIERUNGSRUNDEN. EINMAL VERLOREN, UND DU BIST RAUS.
IST NICHT WIE DAS FECHTEN DAHEIM.
EIN RAUM VOLLER KONKURRENTEN, DIE NACH SCHWÄCHEN SUCHEN.
ICH KENNE SIE NICHT, UND SIE MICH NICHT.
ABER EINS WEISS ICH.
ICH WEISS ... ICH KANN FECHTEN.
DIE SCHUHE DA SEHEN AUS WIE AUS DEM KLEIDER-CONTAINER.

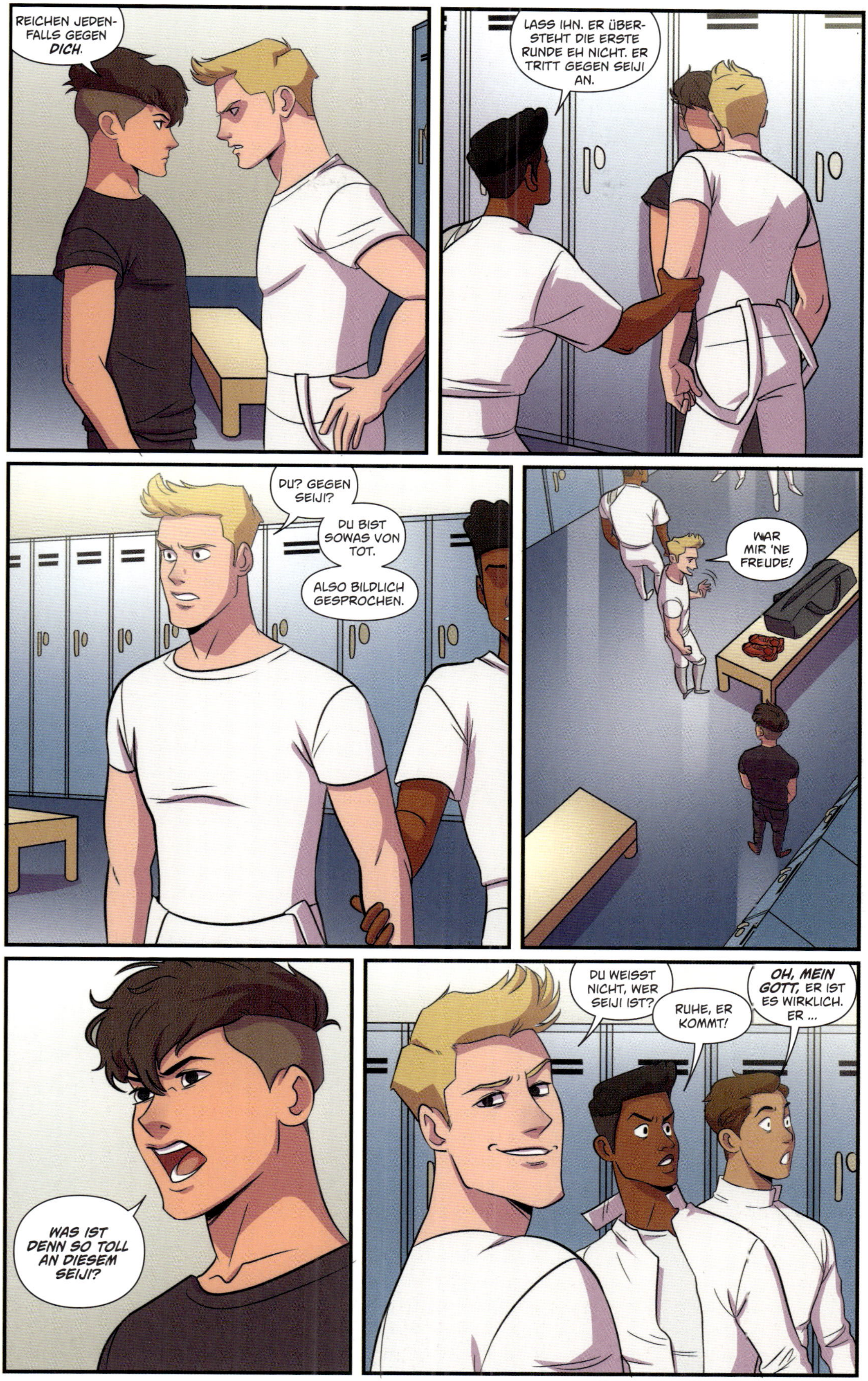
REICHEN JEDENFALLS GEGEN DICH.
LASS IHN. ER ÜBERSTEHT DIE ERSTE RUNDE EH NICHT. ER TRITT GEGEN SEIJI AN.
DU? GEGEN SEIJI?
DU BIST SOWAS VON TOT.
ALSO BILDLICH GESPROCHEN.
WAR MIR 'NE FREUDE!
WAS IST DENN SO TOLL AN DIESEM SEIJI?
DU WEISST NICHT, WER SEIJI IST?
RUHE, ER KOMMT!
OH, MEIN GOTT, ER IST ES WIRKLICH. ER ...

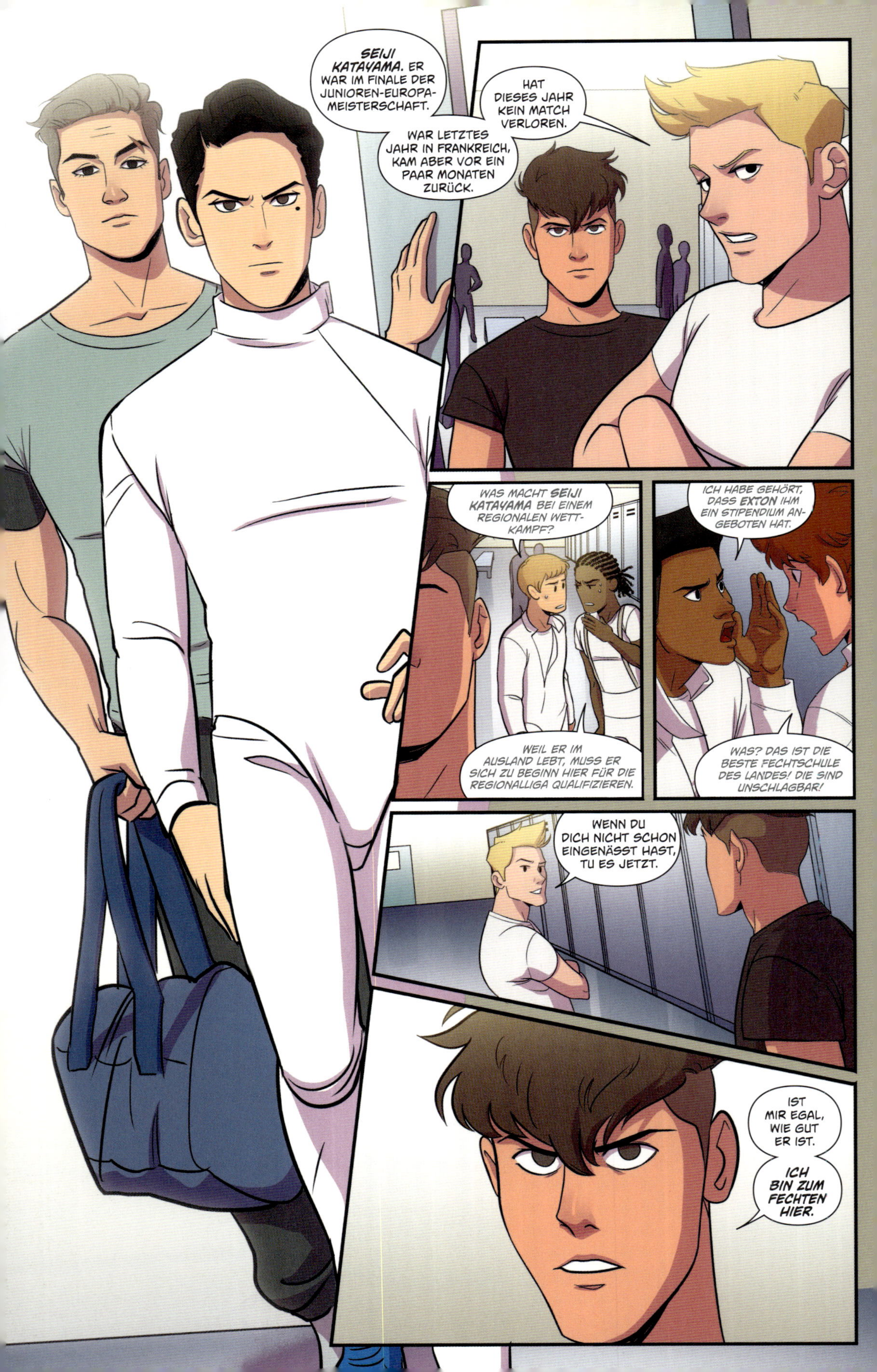
SEIJI KATAYAMA. ER WAR IM FINALE DER JUNIOREN-EUROPA-MEISTERSCHAFT.
WAR LETZTES JAHR IN FRANKREICH, KAM ABER VOR EIN PAAR MONATEN ZURÜCK.
HAT DIESES JAHR KEIN MATCH VERLOREN.
WAS MACHT SEIJI KATAYAMA BEI EINEM REGIONALEN WETT-KAMPF?
WEIL ER IM AUSLAND LEBT, MUSS ER SICH ZU BEGINN HIER FÜR DIE REGIONALLIGA QUALIFIZIEREN.
ICH HABE GEHÖRT, DASS EXTON IHM EIN STIPENDIUM AN-GEBOTEN HAT.
WAS? DAS IST DIE BESTE FECHTSCHULE DES LANDES! DIE SIND UNSCHLAGBAR!
WENN DU DICH NICHT SCHON EINGENÄSST HAST, TU ES JETZT.
IST MIR EGAL, WIE GUT ER IST.
ICH BIN ZUM FECHTEN HIER.

JEDER SAGT, DU WÄRST DER BESTE. ABER ICH WERDE AUCH MEIN BESTES GEBEN.
AUF EINEN TOLLEN KAMPF.
ICH WERDE DICH SCHLAGEN. 15:0.
EN GARDE!
PRÊT!

* DEUTSCH: „PFEIL", BEZEICHNUNG FÜR EINEN SCHNELLEN ANGRIFF, AUCH STURZANGRIFF ODER LAUFANGRIFF GENANNT

SO SCHNELL. SCHNELLER ALS COACH JOE.
HAB IHN NICHT MAL KOMMEN SEHEN.
GEFÄLLT DIR DIE AUS-RÜSTUNG?
WAS KOSTET SIE?
WIE VIEL HAST DU?
NICHT GENUG, KLEINER.
ICH DACHTE, ICH KÖNNTE HIER FÜR FECHTSTUNDEN ETWAS AUSHELFEN.
SAN
OOM
FREITAGS FECHTEN MIT JOE
DONNERSTAGS SALSA
DU WILLST GRATIS-STUNDEN?
ICH KÖNNTE DAS GRAFFITI ABWASCHEN, DIE WAND HER-RICHTEN ...
GRATISSTUNDEN GIBT'S NICHT.

WARUM STEHST DU DENN SO AUFS FECHTEN?
MEIN VATER WAR FECHTER.
DACHTE, DU WÜRDEST IHN NICHT KENNEN.
EIN UNBEKANNTER, DER DEINE MUTTER SITZENLIESS, RICHTIG?
... RICHTIG.

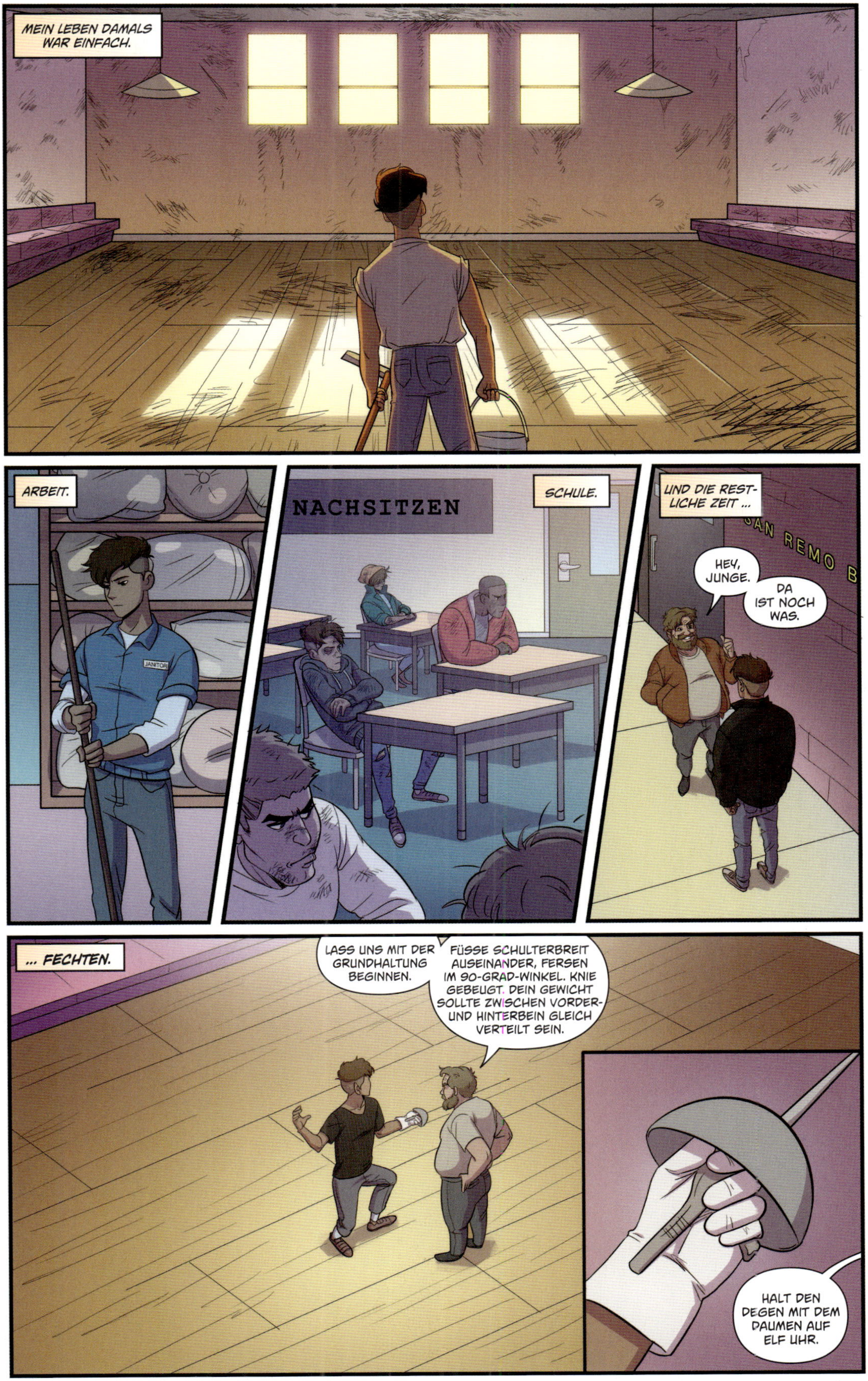

MEIN LEBEN DAMALS WAR EINFACH.
ARBEIT.
JANITOR
NACHSITZEN
SCHULE.
UND DIE RESTLICHE ZEIT ...
SAN REMO B
HEY, JUNGE.
DA IST NOCH WAS.
... FECHTEN.
LASS UNS MIT DER GRUNDHALTUNG BEGINNEN.
FÜSSE SCHULTERBREIT AUSEINANDER, FERSEN IM 90-GRAD-WINKEL. KNIE GEBEUGT. DEIN GEWICHT SOLLTE ZWISCHEN VORDER- UND HINTERBEIN GLEICH VERTEILT SEIN.
HALT DEN DEGEN MIT DEM DAUMEN AUF ELF UHR.

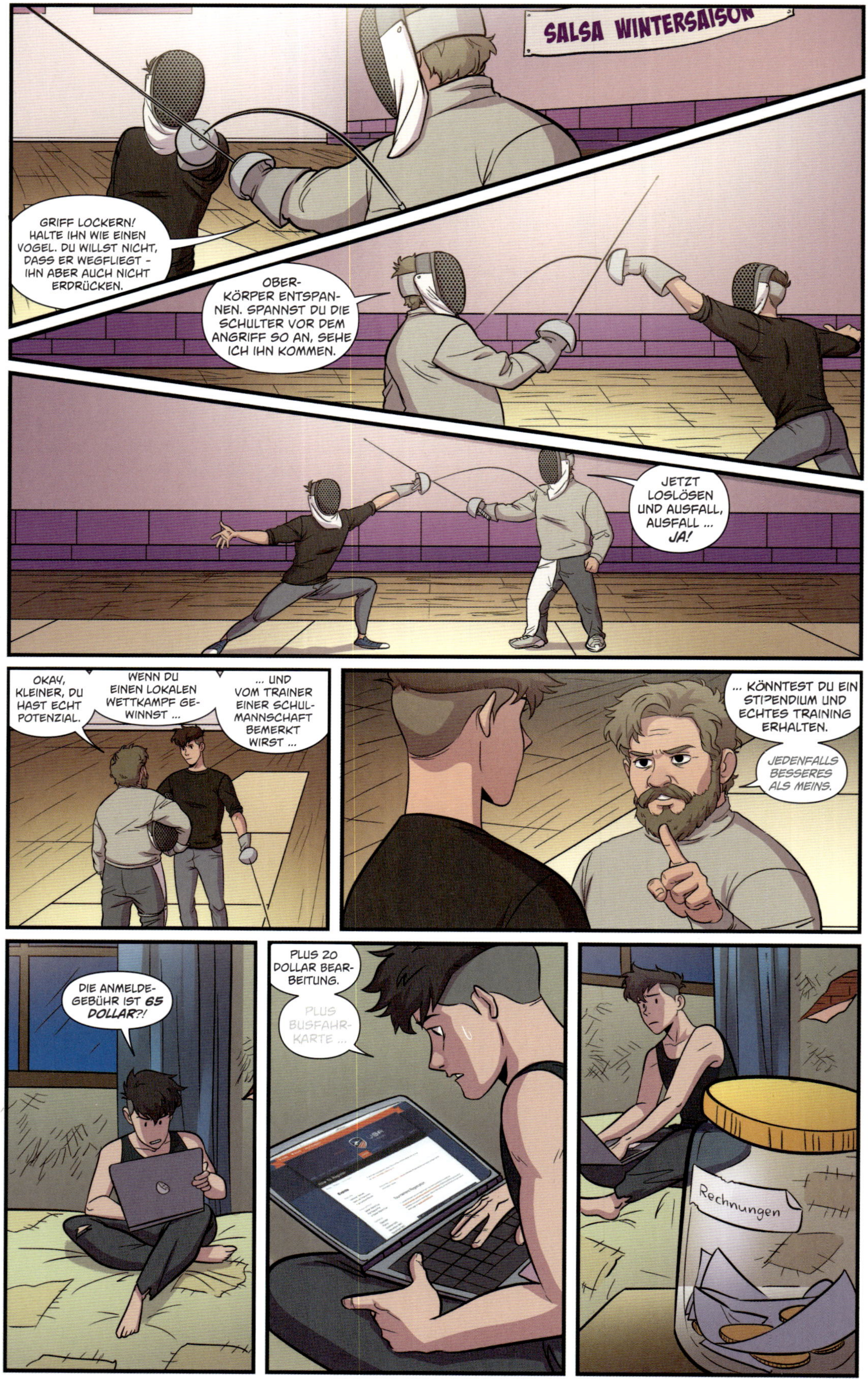
SALSA WINTERSAISON
GRIFF LOCKERN! HALTE IHN WIE EINEN VOGEL. DU WILLST NICHT, DASS ER WEGFLIEGT – IHN ABER AUCH NICHT ERDRÜCKEN.
OBER-KÖRPER ENTSPANNEN. SPANNST DU DIE SCHULTER VOR DEM ANGRIFF SO AN, SEHE ICH IHN KOMMEN.
JETZT LOSLÖSEN UND AUSFALL, AUSFALL ... JA!
OKAY, KLEINER, DU HAST ECHT POTENZIAL.
WENN DU EINEN LOKALEN WETTKAMPF GEWINNST ...
... UND VOM TRAINER EINER SCHULMANNSCHAFT BEMERKT WIRST ...
... KÖNNTEST DU EIN STIPENDIUM UND ECHTES TRAINING ERHALTEN.
JEDENFALLS BESSERES ALS MEINS.
DIE ANMELDEGEBÜHR IST 65 DOLLAR?!
PLUS 20 DOLLAR BEARBEITUNG.
PLUS BUSFAHRKARTE ...
Rechnungen

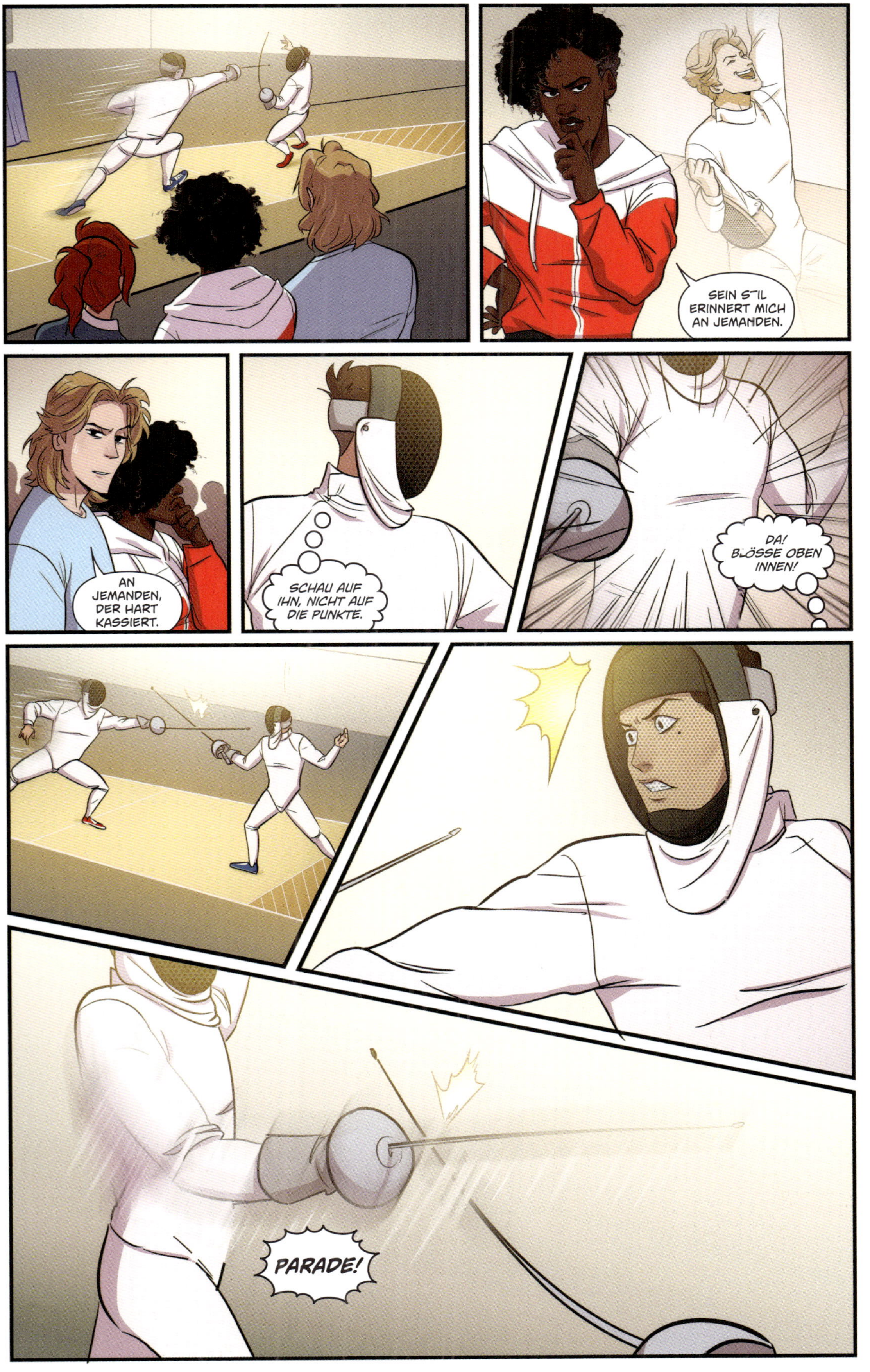
SEIN STIL ERINNERT MICH AN JEMANDEN.
AN JEMANDEN, DER HART KASSIERT.
SCHAU AUF IHN, NICHT AUF DIE PUNKTE.
DA! BLÖSSE OBEN INNEN!
PARADE!

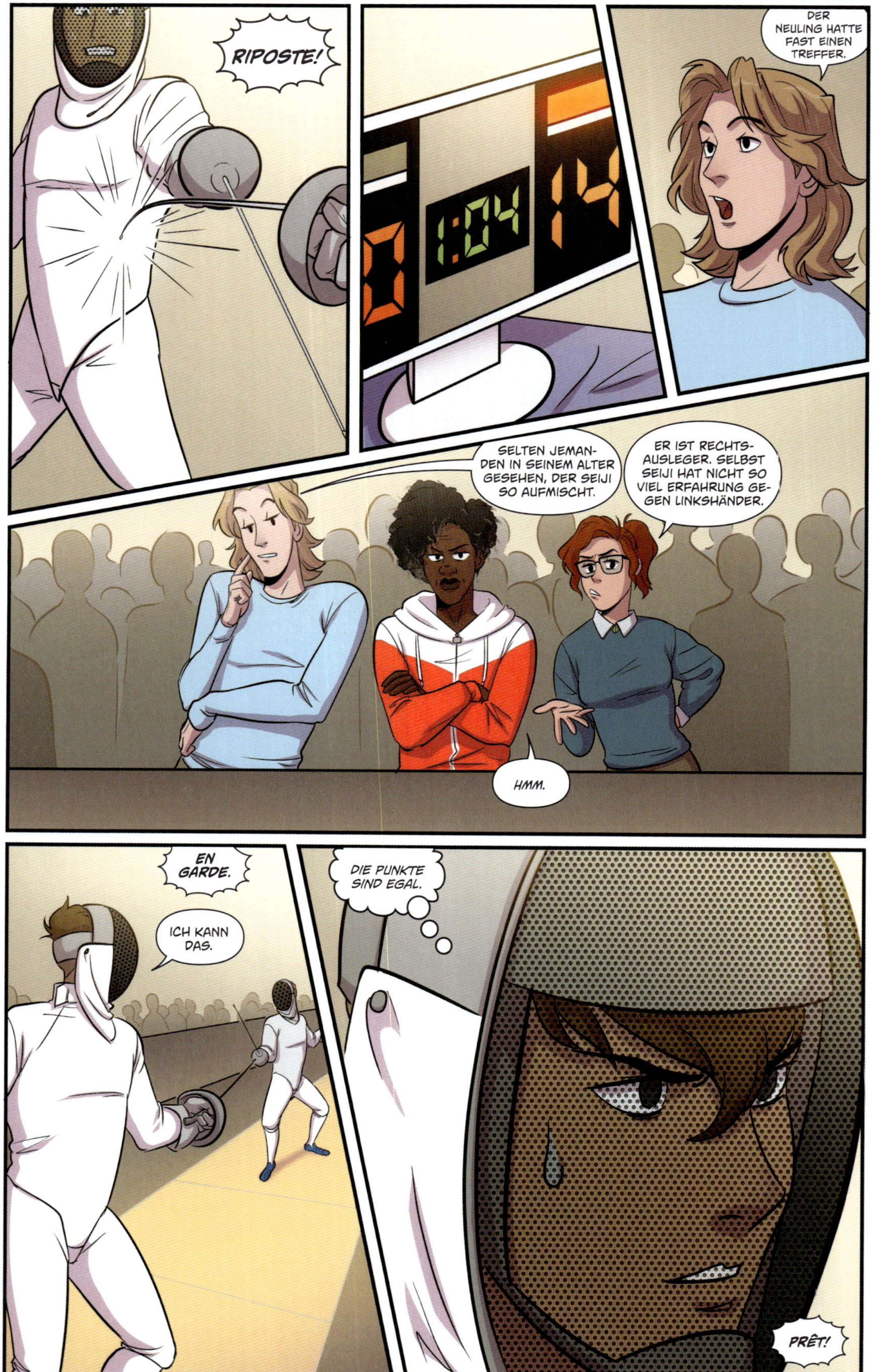
RIPOSTE!
1:04
14
DER NEULING HATTE FAST EINEN TREFFER.
SELTEN JEMANDEN IN SEINEM ALTER GESEHEN, DER SEIJI SO AUFMISCHT.
ER IST RECHTSAUSLEGER. SELBST SEIJI HAT NICHT SO VIEL ERFAHRUNG GEGEN LINKSHÄNDER.
HMM.
EN GARDE.
ICH KANN DAS.
DIE PUNKTE SIND EGAL.
PRÊT!

FECHTEN IST EIN SPORT DER MEISTER.
ALLEZ!
MEHR PUNKTE IST NICHT GLEICH SIEG.
NOCH NICHT VORBEI.
NOCH NICHT VORBEI.
DU TRITTST AUF DIE PISTE, BIST VOLLER HOFFNUNG UND TRÄUME.
MAL GEWINNST DU.
NOCH NICHT ...
UND MAL BIST DU ...
... VORBEI.

... NUR EINE STUFE AUF JEMANDES SIEGESTREPPCHEN.
GEWINNER!
SEIJI KATAYAMA

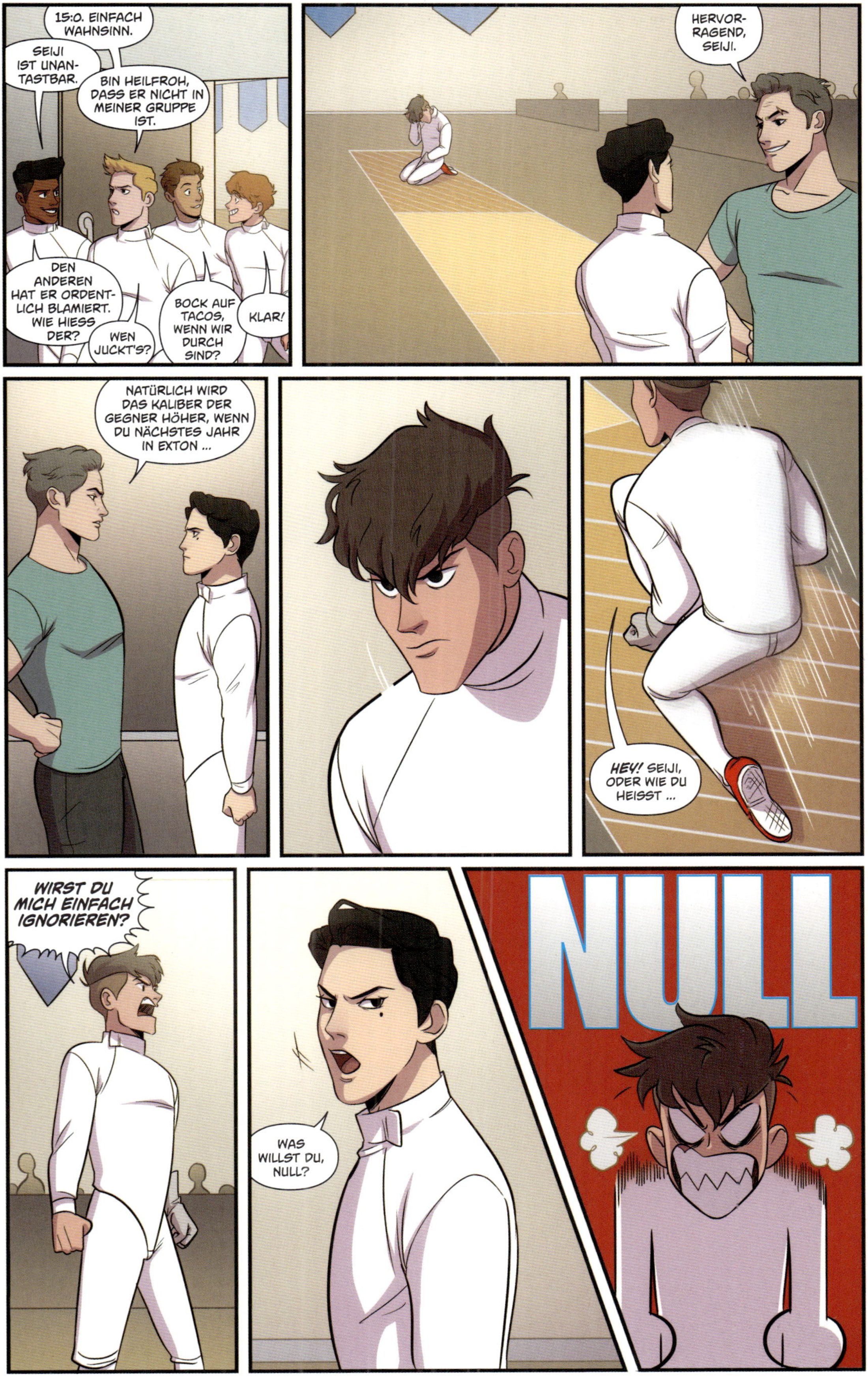
15:0. EINFACH WAHNSINN.
SEIJI IST UNANTASTBAR.
BIN HEILFROH, DASS ER NICHT IN MEINER GRUPPE IST.
DEN ANDEREN HAT ER ORDENTLICH BLAMIERT. WIE HIESS DER?
WEN JUCKT'S?
BOCK AUF TACOS, WENN WIR DURCH SIND?
KLAR!
HERVORRAGEND, SEIJI.
NATÜRLICH WIRD DAS KALIBER DER GEGNER HÖHER, WENN DU NÄCHSTES JAHR IN EXTON ...
HEY! SEIJI, ODER WIE DU HEISST ...
WIRST DU MICH EINFACH IGNORIEREN?
WAS WILLST DU, NULL?
NULL

DAS SAGT JEDER.
DU MAGST UNANTASTBAR SEIN, ABER ICH WERDE DERJENIGE SEIN, DER DEINE VERTEIDIGUNG DURCHBRICHT!
ICH WERDE DICH **SCHLAGEN**. UND DU WIRST SPÜREN, WIE ES SICH ANFÜHLT, VOR ALLEN ZU VERLIEREN.
STIMMT, ICH HAB'S GESAGT.
ICH LETZTES JAHR.
ICH HAB'S BEI DEN U-14 GESAGT.
HAST DU ES NICHT ERST LETZTES MAL GESAGT?
BESTIMMT ACHTMAL.
ICH SCHAUE NICHT AUF VERLIERER ZURÜCK.
MICH MIT DEINEM NIVEAU SCHLAGEN?

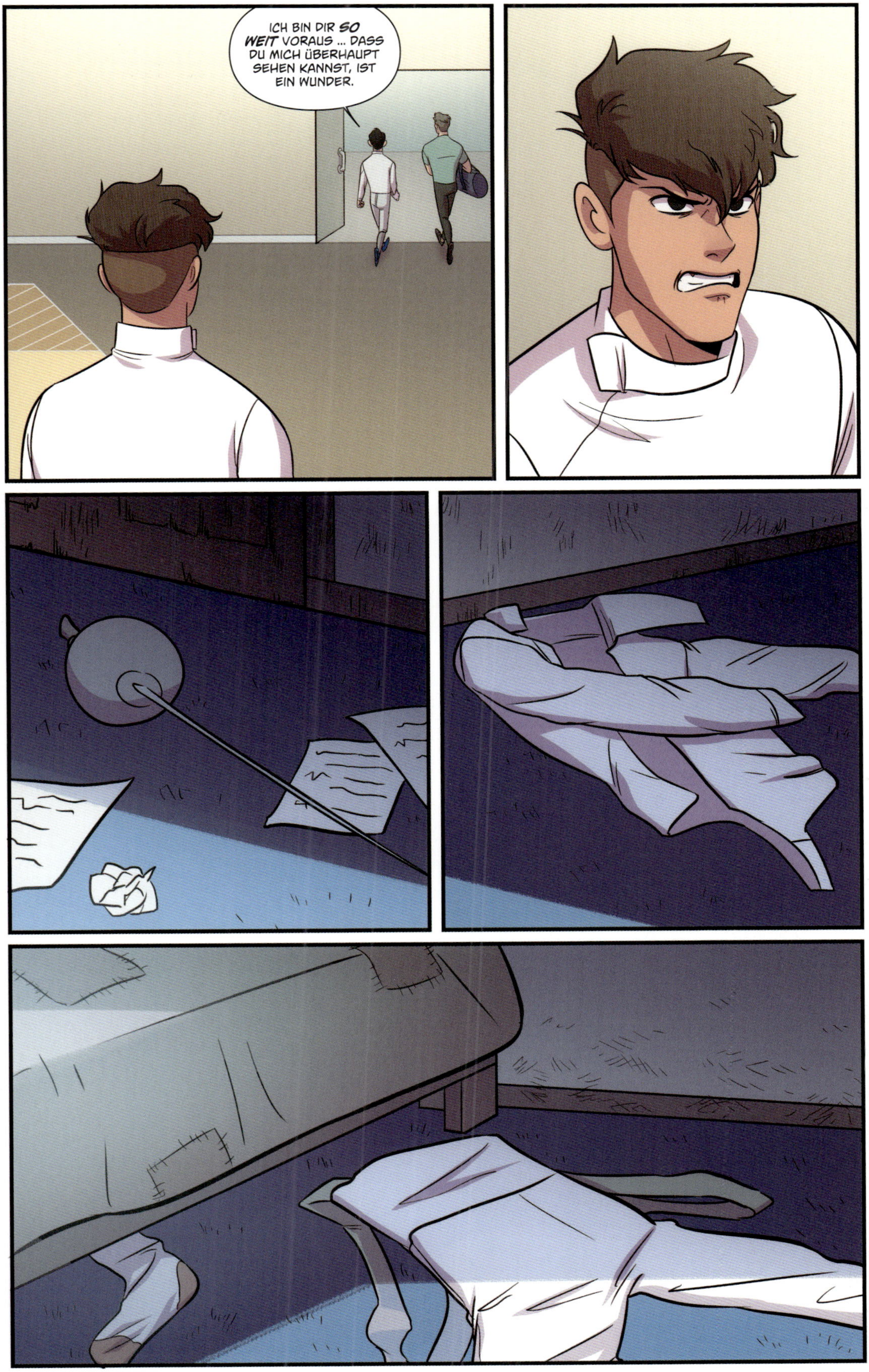
ICH BIN DIR SO WEIT VORAUS ... DASS DU MICH ÜBERHAUPT SEHEN KANNST, IST EIN WUNDER.

SECHS MONATE SPÄTER
KINGS ROW BOYS SCHOOL
KINGS ROW IST KEINE TOP-ADRESSE FÜRS FECHTEN – SIE HABEN NIE EINE MEISTERSCHAFT GEWONNEN.
ABER DAS IST MIR SO WAS VON EGAL.
DU KANNST DIR DEN REST DEINER SACHEN NACHSENDEN LASSEN, WENN DU DICH EINGELEBT HAST.
MEHR HABE ICH NICHT.
OH. NUN, KEINE SORGE, WIR NEHMEN EINEN STIPENDIATEN PRO JAHR AUF. DU WIRST DICH HIER AUFGRUND DEINER ÖKONOMISCHEN UMSTÄNDE ALSO NICHT UNWOHL FÜHLEN.
DIE BEDINGUNG FÜR DAS STIPENDIUM IST, DASS DU ES INS TEAM SCHAFFST.
WEISS ICH.
ICH WERDE ES SCHAFFEN UND DANN GEGEN EXTON KÄMPFEN.
DENN ES GIBT JEMANDEN, DEN ICH SCHLAGEN MUSS.
108
DA IST ES. ZIMMER 108.
DEIN MITBEWOHNER WILL AUCH INS TEAM, ALSO HABT IHR DAS SCHON MAL GEMEINSAM.

HMM?
ER IST ... MEIN MITBEWOHNER?

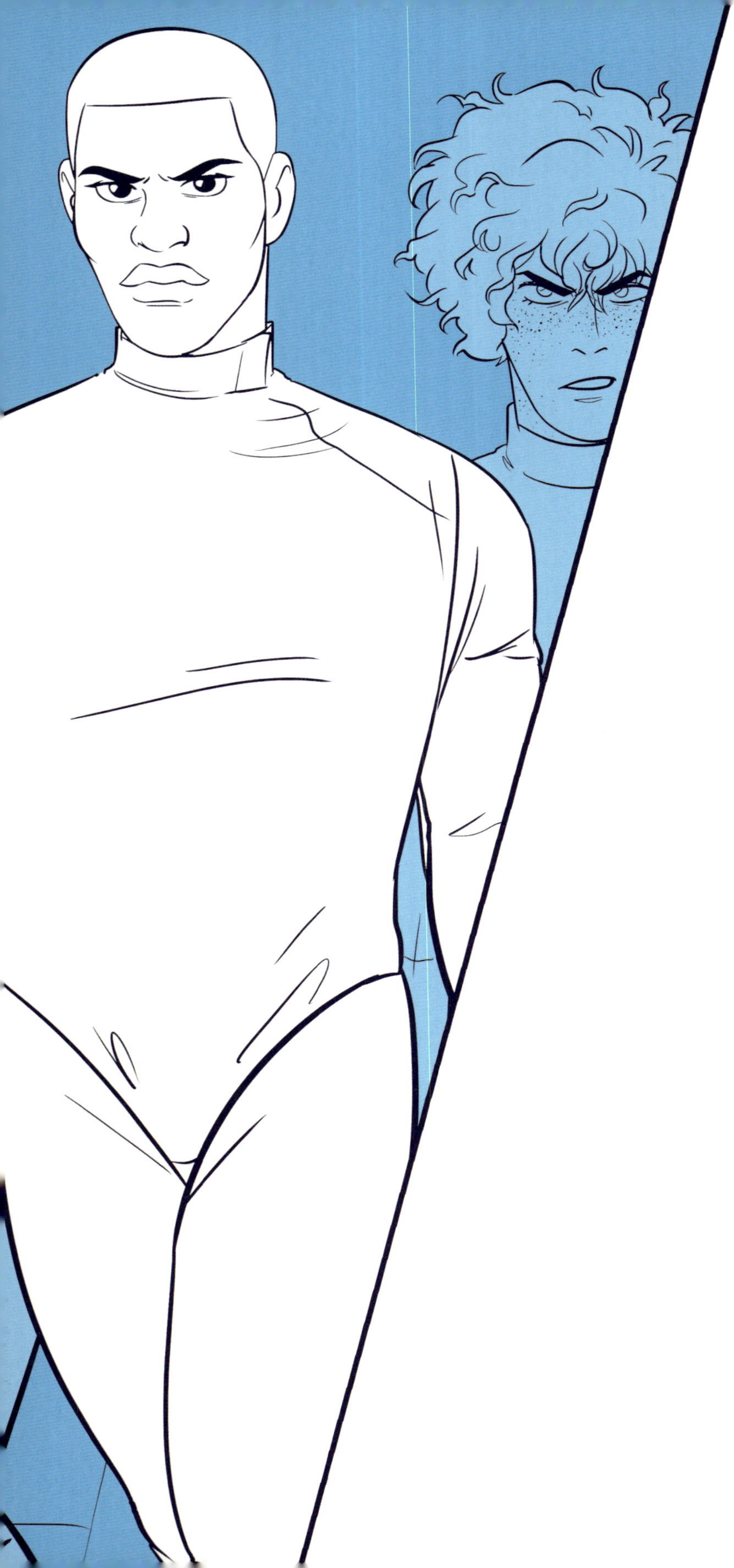

KAPITEL
Zwei

IHR KENNT EUCH?
JA.
NEIN.

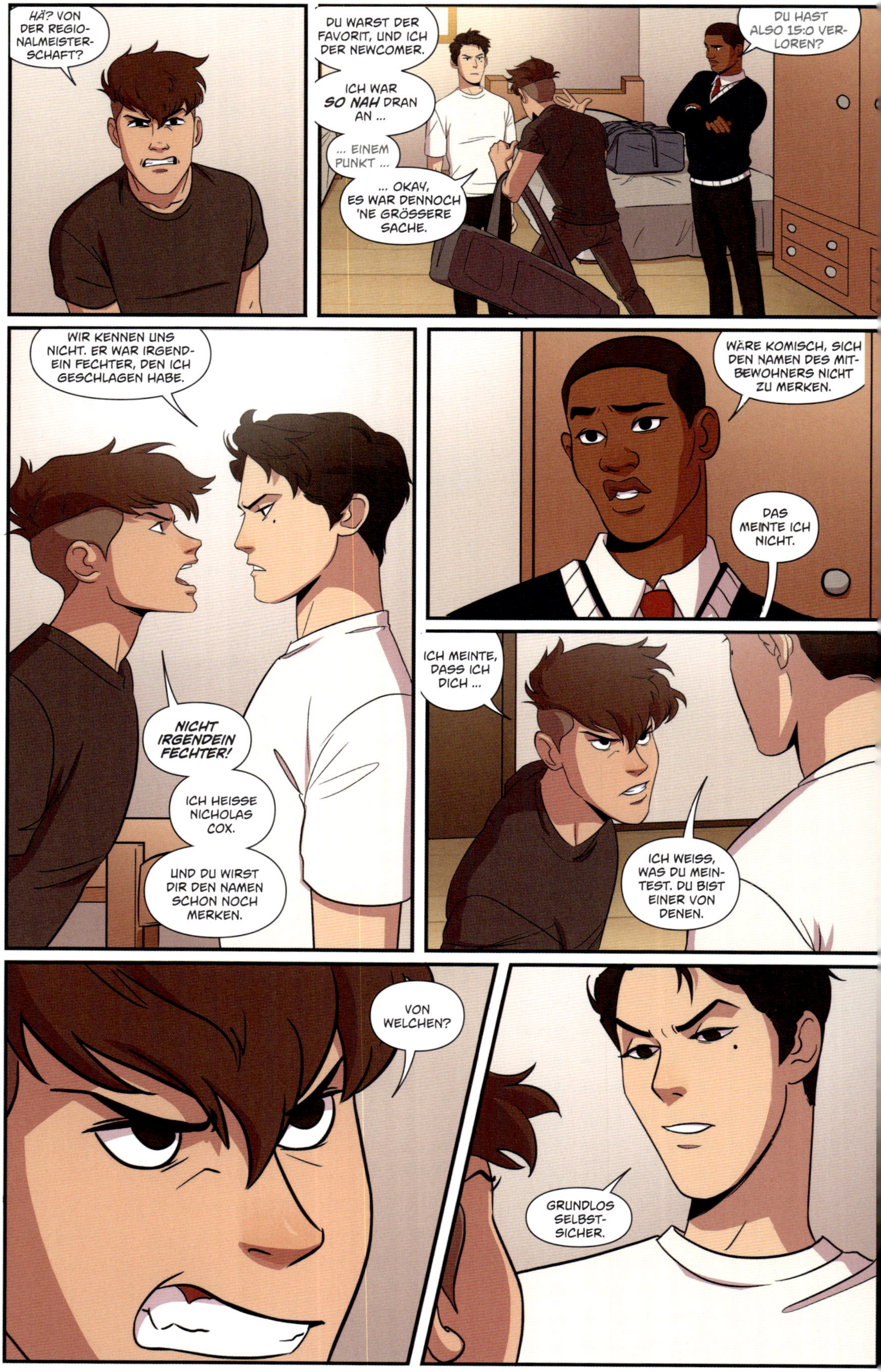
HÄ? VON DER REGIONALMEISTERSCHAFT?
DU WARST DER FAVORIT, UND ICH DER NEWCOMER.
ICH WAR SO NAH DRAN AN ...
... EINEM PUNKT ...
... OKAY, ES WAR DENNOCH 'NE GRÖSSERE SACHE.
DU HAST ALSO 15:0 VERLOREN?
WIR KENNEN UNS NICHT. ER WAR IRGENDEIN FECHTER, DEN ICH GESCHLAGEN HABE.
NICHT IRGENDEIN FECHTER!
ICH HEISSE NICHOLAS COX.
UND DU WIRST DIR DEN NAMEN SCHON NOCH MERKEN.
WÄRE KOMISCH, SICH DEN NAMEN DES MITBEWOHNERS NICHT ZU MERKEN.
DAS MEINTE ICH NICHT.
ICH MEINTE, DASS ICH DICH ...
ICH WEISS, WAS DU MEINTEST. DU BIST EINER VON DENEN.
VON WELCHEN?
GRUNDLOS SELBSTSICHER.

KANN KEINEN TREFFER LANDEN, ABER WILL MICH AUF LANDESEBENE SCHLAGEN.
LASS MICH RATEN. JEMAND HAT DIR GESAGT, DU HÄTTEST POTENZIAL.
NOCH NICHT GEMERKT, DASS HUNDERTE FECHTER DAS GESAGT BEKOMMEN?
ABER AUF LANDESEBENE HAST DU VERLOREN.
DU BIST NICHT UNBESIEGBAR.
DU WURDEST GESCHLAGEN ... WIE JEDER ANDERE.
KLAPPE, NULL!
NENN MICH NICHT SO!
MIT DEM WOHNE ICH NICHT ZUSAMMEN!
HEY, HEY. WENN IHR EIN PROBLEM MIT DEM ZIMMER HABT, KLÄRT DAS MORGEN FRÜH MIT DEM COACH.
HAST DU SIE DAMIT ECHT ZUM COACH GESCHICKT?
DER CAPTAIN KENNT KEIN ERBARMEN.

WIR BRAUCHEN EINE ART BARRIERE.
DIESE LINIE REICHT NICHT.

ICH KANN'S ECHT NICHT GLAUBEN ... DU SOLLTEST DOCH IN EXTON SEIN.
IST DAS NICHT DIE SCHULE, DIE MEISTERFECHTER ANLOCKT? WARUM **BIST** DU HIER?
WARUM BIST **DU** HIER?
HAB EIN STIPENDIUM.
WOFÜR?
FECHTEN.
FECHTEN?

JA, FECHTEN. ICH KOMME INS TEAM UND DANN ZUM LANDES-FINALE, WO WIR EXTON SCHLAGEN WERDEN. DIE SCHULE AUF DER DU SEIN SOLLTEST.
DU WIRST ES HIER NICHT INS TEAM SCHAFFEN.
DIE NEHMEN KEINE NEU-LINGE.
DU BIST AUCH EINER.
ANGST, DASS ICH DIR DEN PLATZ KLAUE?
NEIN.
ICH BIN DER BESTE HIER.

IST DAS DIE AUFSTELLUNG FÜR DIE QUALI?
HAB EIN SYSTEM.
SEIJI KATAYAMA ...
... ES IST ALSO WAHR. SIE ZIELEN ECHT AUF DIE LANDES-MEISTERSCHAFT AB.
SIE DENKEN, DASS WIR EXTON MIT SEIJI IM TEAM SCHLA-GEN KÖNNTEN?
NEIN.
DAZU IST ER NOCH NICHT IN DER LAGE.
VIELLEICHT MIT DEM RICHTIGEN PARTNER.

SPÄTER.
KEIN DUSCHVORHANG ...
ETWAS ZU OFFEN-HERZIG ...
ding
COACH JOE
Keine Schlägereien.
COACH JOE
Kein Nachsitzen.
COACH JOE
Kein Schwänzen!
ES IST NUR EINE SCHULE.
ICH KANN MICH SCHON ANPASSEN.

HEY, WEISST DU, WO ES ZUM FECHTSAAL GEHT?
WILLST INS TEAM?
GENAU.
IST DA DRÜBEN. AM HAUPTSAAL VORBEI, LAUF DANN GERA-DEAUS, ETWA 15 MINUTEN LANG.
DANKE.
KEIN DING.
AM HAUPT-SAAL VORBEI, LAUF DANN GERADEAUS, ETWA ...
.. 15 MINUTEN ...
WOW, DAS MOBBING HIER IST VERGLICHEN MIT MEINER ALTEN SCHULE FAST NIEDLICH.
HEY!

DU SUCHST BESTIMMT DEN FECHTSAAL, JA? ÄHM. DA MUSST DU ZURÜCK. HAB'S AN DEINER SPORTTASCHE GEMERKT.
DANKE, BIN FALSCH ABGEBOGEN.
WAR ES EIN KERL MIT SO EINER FRISUR ...
„DAS IST EUGENE LABAO. IM DRITTEN JAHR HIER."
„NIMM'S NICHT PERSÖNLICH! WÄHREND DER PRÜFUNGEN WERDEN ALLE ZU KONKURRENTEN."
„OBWOHL EUGENE EIGENTLICH IMMER SO IST."
ICH BIN BOBBY.
NICHOLAS.
DU WOHNST MIT SEIJI ZUSAMMEN, ODER?
GENAU.
WIE IST ER SO? ALSO PRIVAT?
PRIVAT IST ER NOCH SCHLIMMER.

IHR TRAINIERT HIER?
JA, WIESO?
IST NUR ETWAS … ANDERS ALS MEINE HALLE DAHEIM.
HEY, IST DAS NICHT …

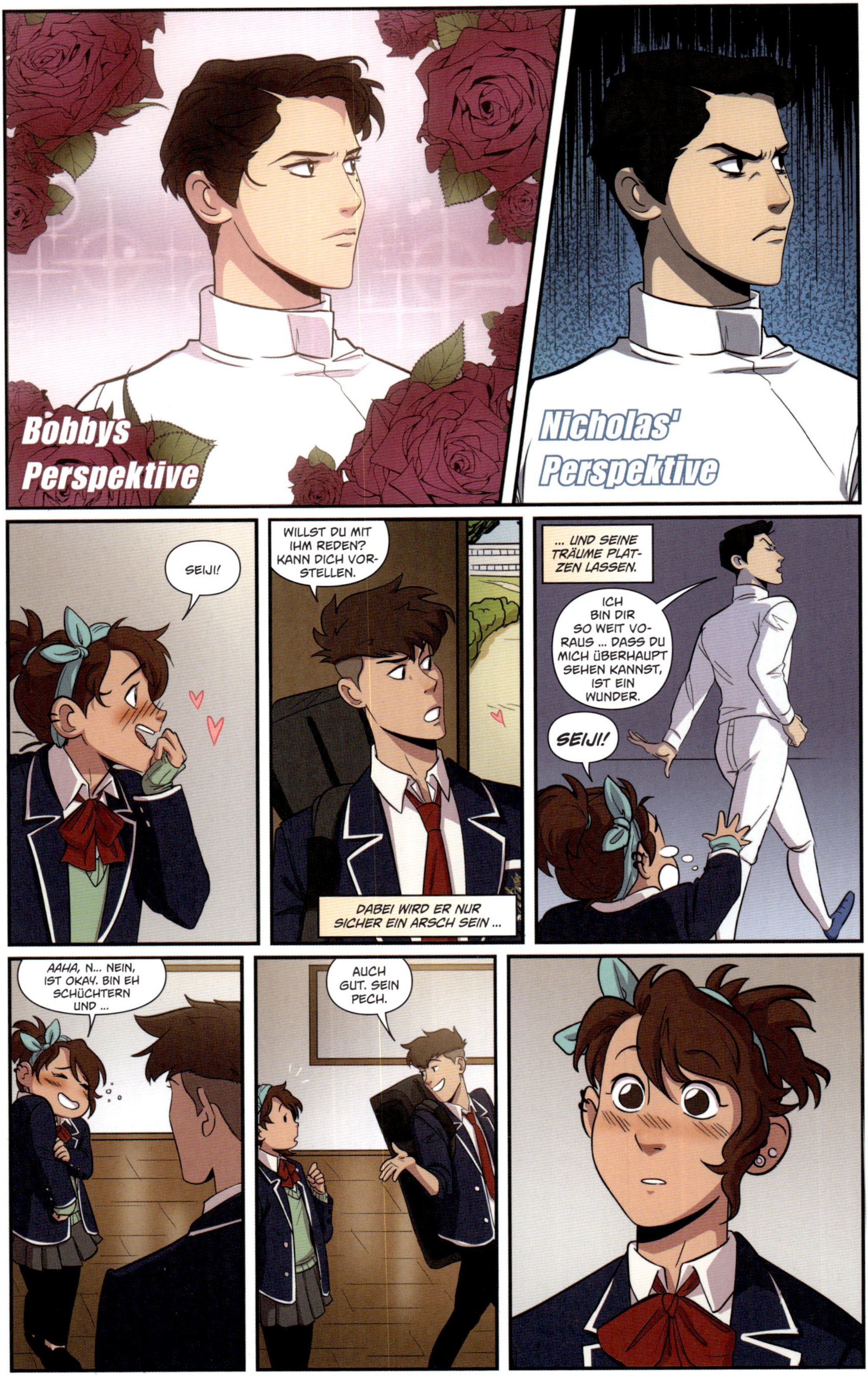

Bobbys Perspektive
Nicholas' Perspektive
SEIJI!
WILLST DU MIT IHM REDEN? KANN DICH VORSTELLEN.
DABEI WIRD ER NUR SICHER EIN ARSCH SEIN ...
... UND SEINE TRÄUME PLATZEN LASSEN.
ICH BIN DIR SO WEIT VORAUS ... DASS DU MICH ÜBERHAUPT SEHEN KANNST, IST EIN WUNDER.
SEIJI!
AAHA, N... NEIN, IST OKAY. BIN EH SCHÜCHTERN UND ...
AUCH GUT. SEIN PECH.

NICHT SO SCHNELL! DAS IST ...
VERSPÄTUNGSSCHEIN
ZEIT
TUM
GRUND
BITTE SCHÜLER ZUM UNTERRICHT ZULASSEN
UNENTSCHULDI
... BIN ZU SPÄT, SCHON KLAR.
TOUCHÉ.
IST DER NEUE WIRKLICH SO GUT, WIE ALLE SAGEN?
ER IST BESSER.
ER DENKT JEDENFALLS, ER WÄRE WAS BESSERES.
TANNER! WIR KENNEN IHN NICHT MAL. SEI LIEB.

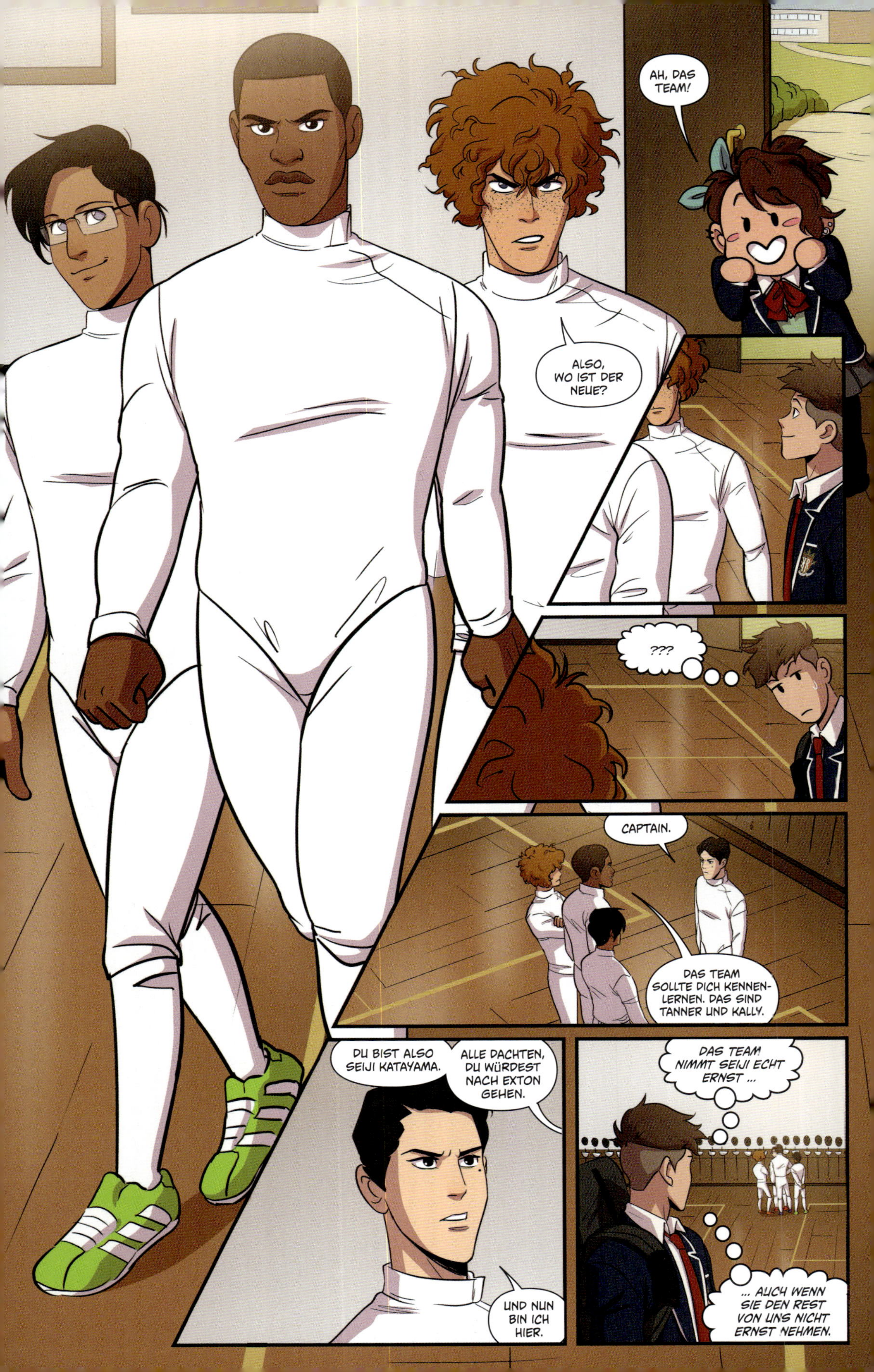
AH, DAS TEAM!
ALSO, WO IST DER NEUE?
???
CAPTAIN.
DAS TEAM SOLLTE DICH KENNEN-LERNEN. DAS SIND TANNER UND KALLY.
DU BIST ALSO SEIJI KATAYAMA.
ALLE DACHTEN, DU WÜRDEST NACH EXTON GEHEN.
UND NUN BIN ICH HIER.
DAS TEAM NIMMT SEIJI ECHT ERNST ...
... AUCH WENN SIE DEN REST VON UNS NICHT ERNST NEHMEN.

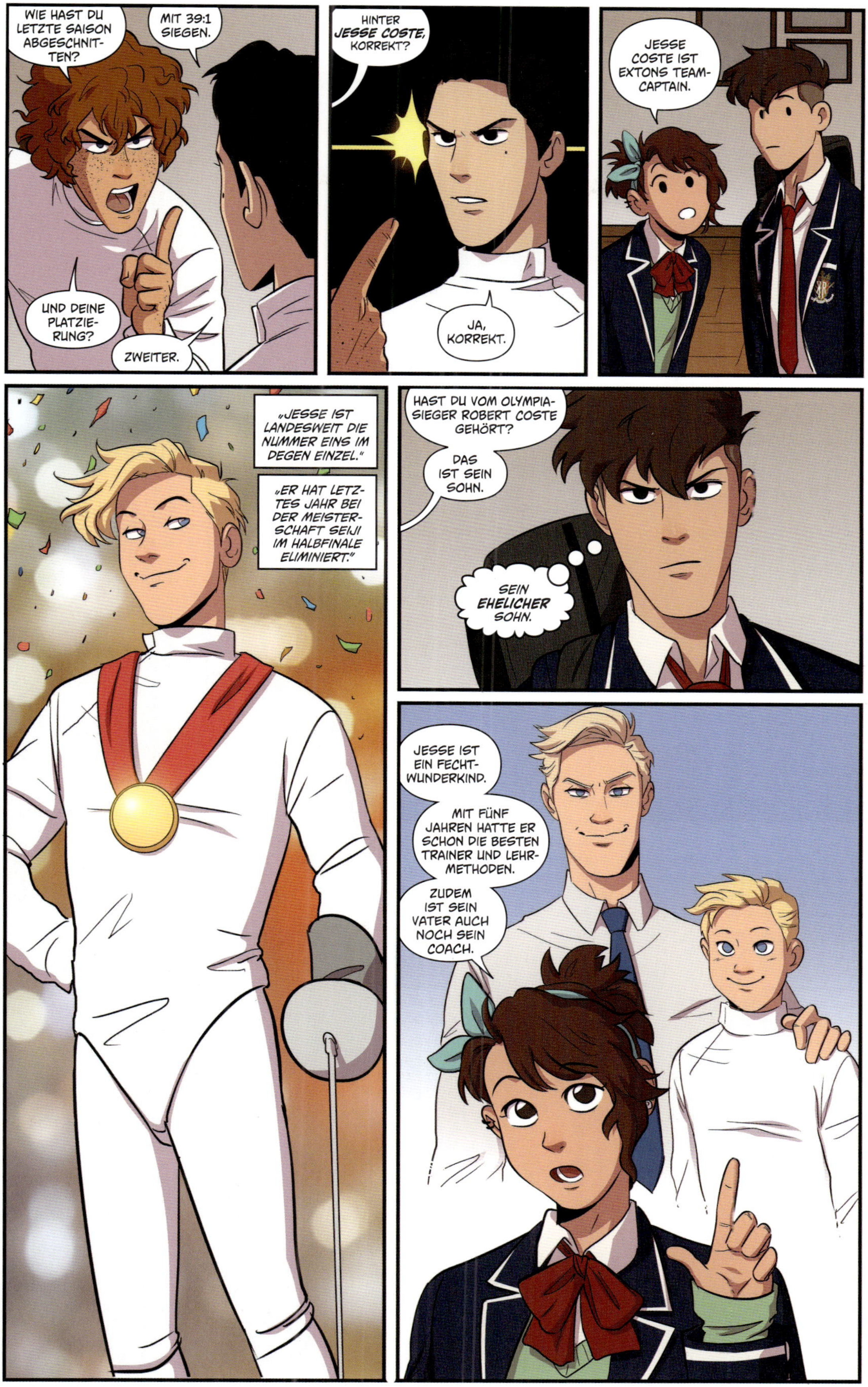
WIE HAST DU LETZTE SAISON ABGESCHNITTEN?
MIT 39:1 SIEGEN.
UND DEINE PLATZIERUNG?
ZWEITER.
HINTER *JESSE COSTE*, KORREKT?
JA, KORREKT.
JESSE COSTE IST EXTONS TEAM-CAPTAIN.
„JESSE IST LANDESWEIT DIE NUMMER EINS IM DEGEN EINZEL."
„ER HAT LETZTES JAHR BEI DER MEISTERSCHAFT SEIJI IM HALBFINALE ELIMINIERT."
HAST DU VOM OLYMPIASIEGER ROBERT COSTE GEHÖRT?
DAS IST SEIN SOHN.
SEIN **EHELICHER** SOHN.
JESSE IST EIN FECHTWUNDERKIND.
MIT FÜNF JAHREN HATTE ER SCHON DIE BESTEN TRAINER UND LEHRMETHODEN.
ZUDEM IST SEIN VATER AUCH NOCH SEIN COACH.

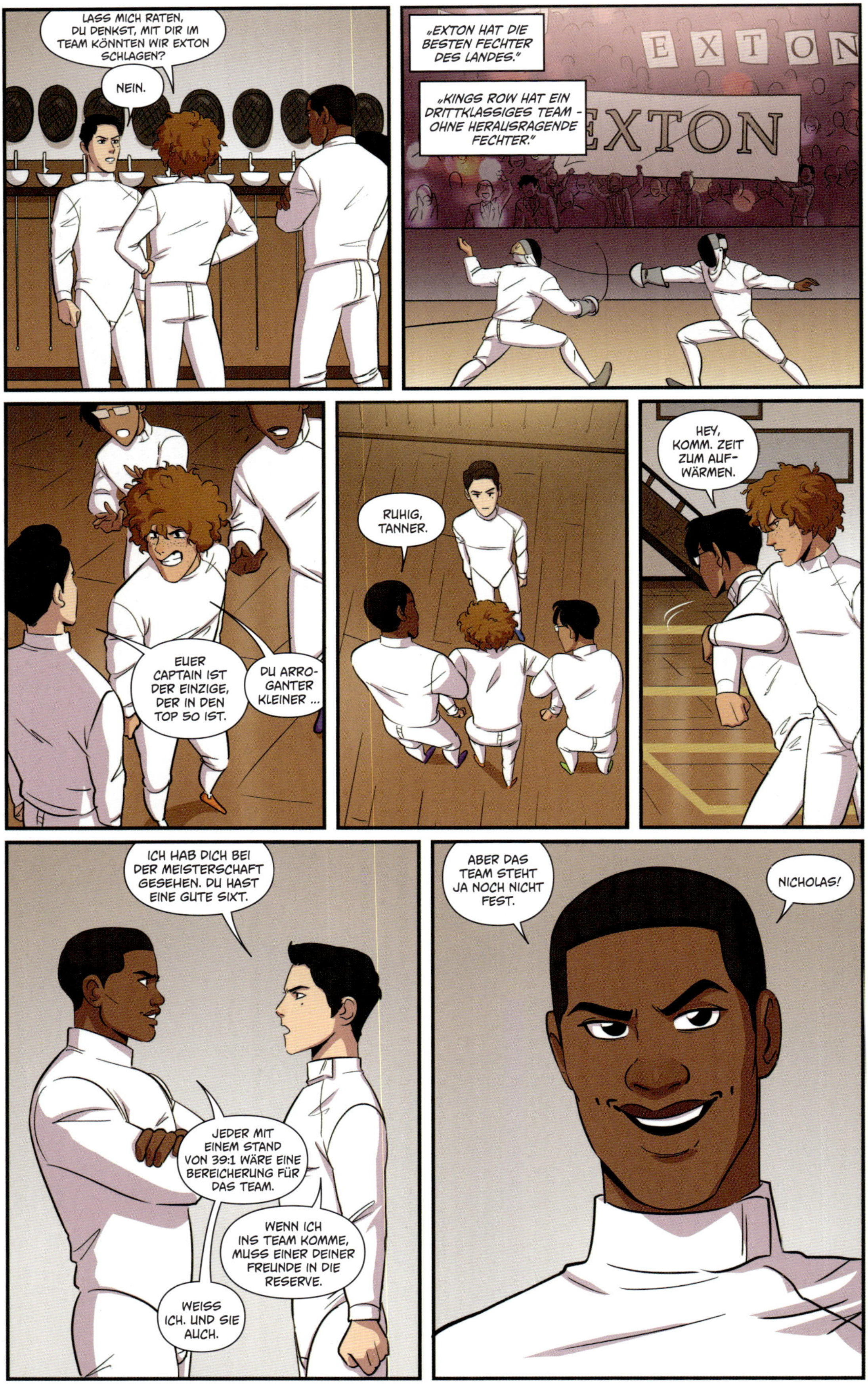
LASS MICH RATEN, DU DENKST, MIT DIR IM TEAM KÖNNTEN WIR EXTON SCHLAGEN?
NEIN.
„EXTON HAT DIE BESTEN FECHTER DES LANDES."
„KINGS ROW HAT EIN DRITTKLASSIGES TEAM - OHNE HERAUSRAGENDE FECHTER."
EXTON
EXTON
EUER CAPTAIN IST DER EINZIGE, DER IN DEN TOP 50 IST.
DU ARRO-GANTER KLEINER ...
RUHIG, TANNER.
HEY, KOMM. ZEIT ZUM AUF-WÄRMEN.
ICH HAB DICH BEI DER MEISTERSCHAFT GESEHEN. DU HAST EINE GUTE SIXT.
JEDER MIT EINEM STAND VON 39:1 WÄRE EINE BEREICHERUNG FÜR DAS TEAM.
WENN ICH INS TEAM KOMME, MUSS EINER DEINER FREUNDE IN DIE RESERVE.
WEISS ICH. UND SIE AUCH.
ABER DAS TEAM STEHT JA NOCH NICHT FEST.
NICHOLAS!

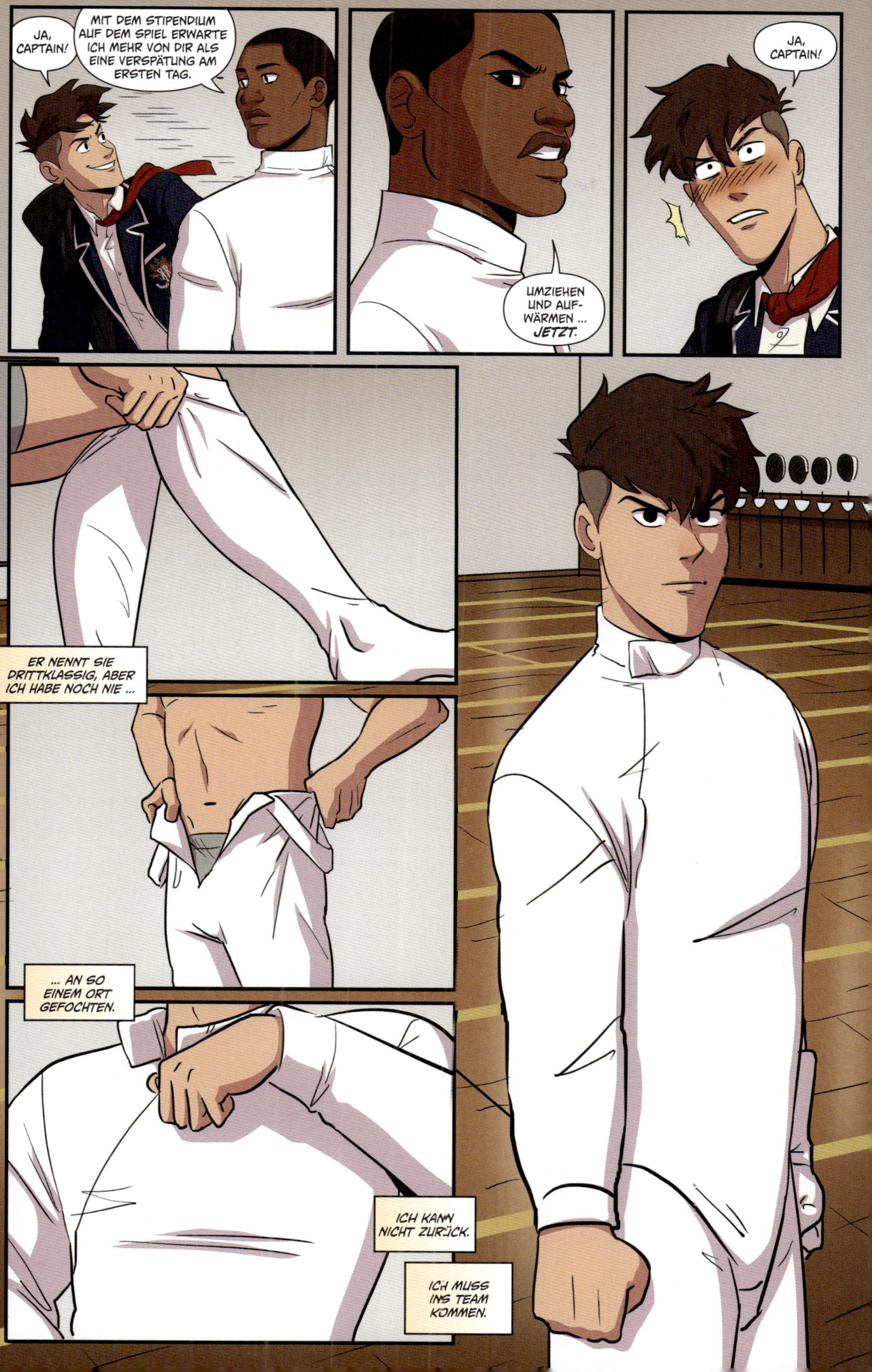
JA, CAPTAIN!
MIT DEM STIPENDIUM AUF DEM SPIEL ERWARTE ICH MEHR VON DIR ALS EINE VERSPÄTUNG AM ERSTEN TAG.
UMZIEHEN UND AUF-WÄRMEN ... JETZT.
JA, CAPTAIN!
ER NENNT SIE DRITTKLASSIG, ABER ICH HABE NOCH NIE ...
... AN SO EINEM ORT GEFOCHTEN.
ICH KANN NICHT ZURÜCK.
ICH MUSS INS TEAM KOMMEN.

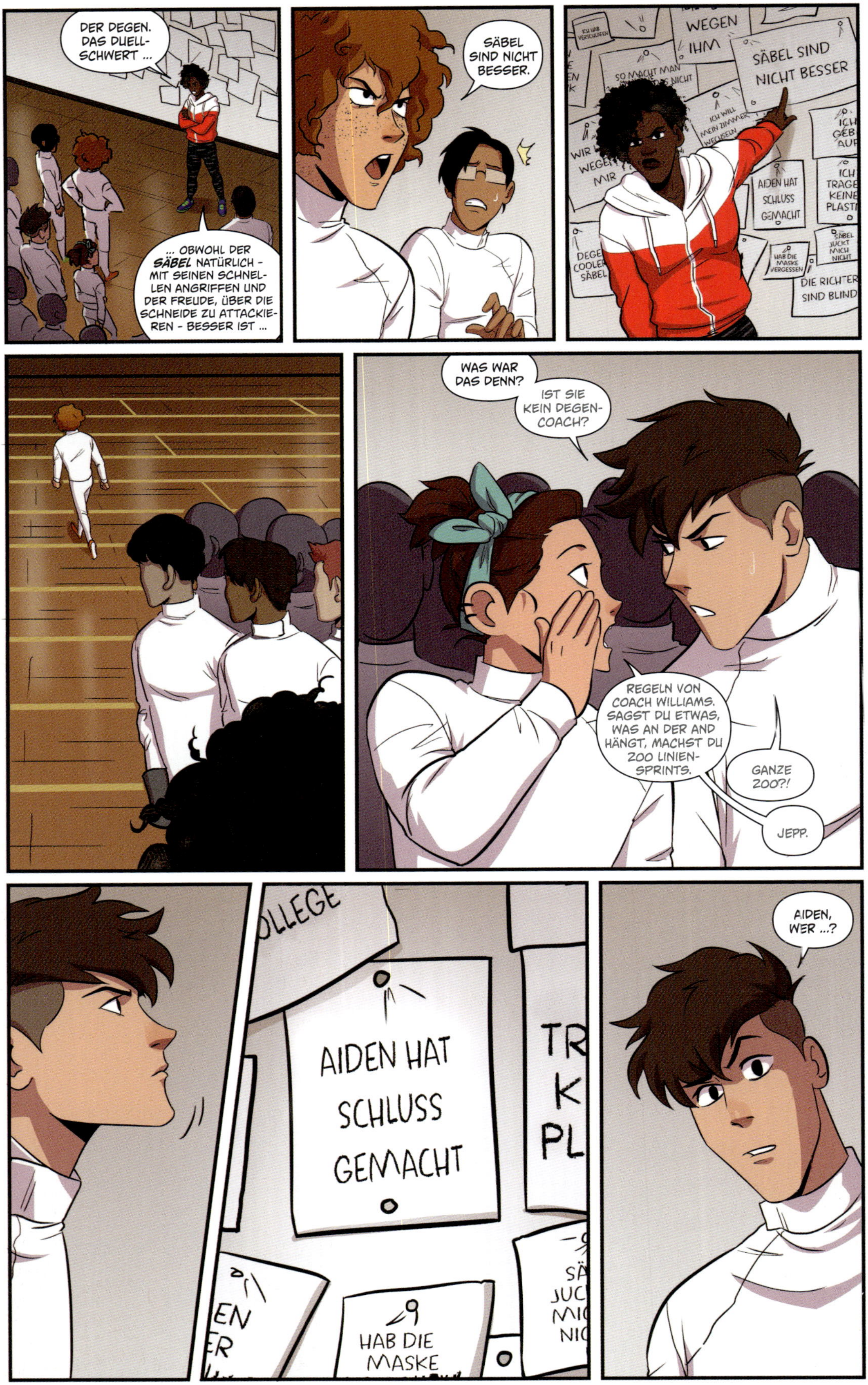

DER DEGEN. DAS DUELLSCHWERT ...
... OBWOHL DER *SÄBEL* NATÜRLICH – MIT SEINEN SCHNELLEN ANGRIFFEN UND DER FREUDE, ÜBER DIE SCHNEIDE ZU ATTACKIEREN – BESSER IST ...
SÄBEL SIND NICHT BESSER.
WEGEN IHM
SÄBEL SIND NICHT BESSER
ICH WILL MEIN ZIMMER WECHSELN
AIDEN HAT SCHLUSS GEMACHT
HAB DIE MASKE VERGESSEN
SÄBEL JUCKT MICH NICHT
DIE RICHTER SIND BLIND
WAS WAR DAS DENN?
IST SIE KEIN DEGENCOACH?
REGELN VON COACH WILLIAMS. SAGST DU ETWAS, WAS AN DER AND HÄNGT, MACHST DU 200 LINIENSPRINTS.
GANZE 200?!
JEPP.
AIDEN HAT SCHLUSS GEMACHT
HAB DIE MASKE
AIDEN, WER ...?

HI!
DARF ICH DEINE TASCHE TRA-GEN?
HAB HIER FRISCHE HANDTÜCHER, WENN DU MAGST.
DEINE HAARE SITZEN HEUTE SO GUT!
DANKE!
OKAY, JUNGS, HERHÖREN!
KINGS ROW HAT NOCH NIE EINE LANDESMEISTERSCHAFT GEWONNEN.

„1979 WAREN WIR EINMAL IM FINALE."
„IN DEM JAHR WAR ROBERT COSTE EIN SCHÜLER HIER. SPÄTER HOLTE ER OLYMPISCHES GOLD."
ROBERT COSTE WAR EIN SCHÜLER HIER?
ABER AUCH EIN AUSSER-ORDENTLICHER FECHTER REICHT NICHT, UM EINEN MEISTERTITEL ZU HOLEN.
ES BRAUCHT EIN TEAM.
UND IN DEN LETZTEN ZEHN JAHREN DOMI-NIERTE EIN TEAM DAS LANDESFINALE.

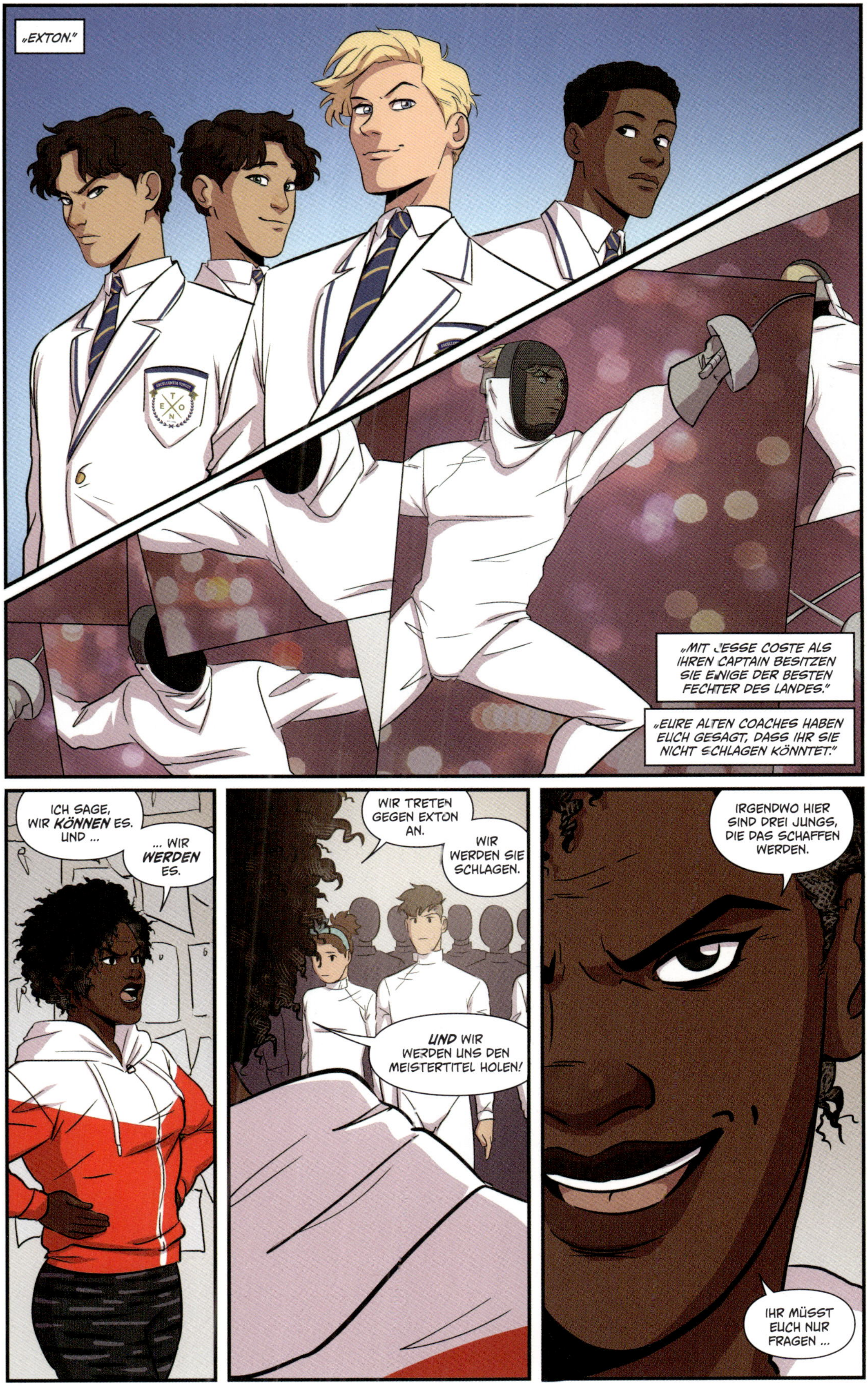
„EXTON."
„MIT JESSE COSTE ALS IHREN CAPTAIN BESITZEN SIE EINIGE DER BESTEN FECHTER DES LANDES."
„EURE ALTEN COACHES HABEN EUCH GESAGT, DASS IHR SIE NICHT SCHLAGEN KÖNNTET."
ICH SAGE, WIR KÖNNEN ES. UND ...
... WIR WERDEN ES.
WIR TRETEN GEGEN EXTON AN.
WIR WERDEN SIE SCHLAGEN.
UND WIR WERDEN UNS DEN MEISTERTITEL HOLEN!
IRGENDWO HIER SIND DREI JUNGS, DIE DAS SCHAFFEN WERDEN.
IHR MÜSST EUCH NUR FRAGEN ...

„BIN ICH ES?"

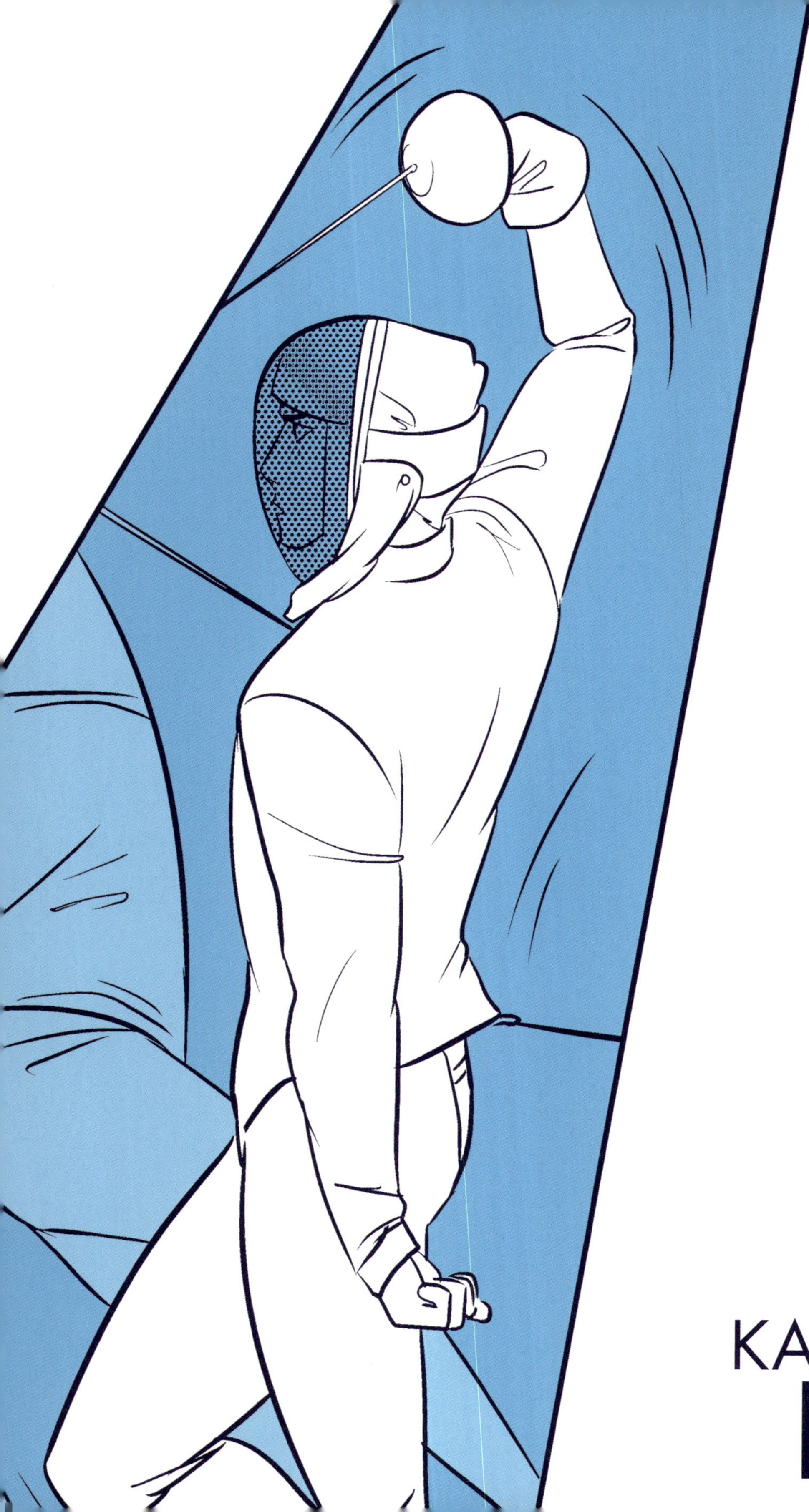

KAPITEL
Drei

HUNDERTFÜNF-UNDDREISSIG ...
HUNDERTSECHS-UNDDREISSIG ...
ICH GEB DIR DIE SCHULD.
ICH GEB *DIR* DIE SCHULD.
DER EIGENTLICHE SCHULDIGE.
ZUVOR ...
WIR WOLLEN DAS ZIMMER WECHSELN.
ICH KANN IHN NICHT ERTRAGEN.
ICH IHN AUCH NICHT.
6
6
ICH WILL MEIN ZIMMER WECHSELN. ICH MAG MEINEN MITBEWOHNER NICHT.

SOLL ICH COACH SAGEN, WIR HÄTTEN UNS GANZ RÜHREND VERSÖHNT?
SAG IHR, WAS DU WILLST.
BALD HABE ICH DAS ZIMMER FÜR MICH.
WAS SOLL DAS HEISSEN?
DEIN STIPENDIUM HÄNGT VON DER AUFNAHME INS TEAM AB.
DU BLEIBST HIER NICHT LANGE.
DREI WOCHEN.
SO LANGE HABEN WIR NOCH BIS ZUM ERSTEN TURNIER.
„IN DER ZEIT WERDE ICH DREI JUNGS AUSWÄHLEN, DIE DIE DREI ERSTEN POSTIONEN DES KINGS-ROW-TEAMS BESETZEN WERDEN."
„WIR BEGINNEN MIT EIN PAAR SIMPLEN ÜBUNGEN, UM EURE ATHLETISCHE EIGNUNG ZU TESTEN."
FECHTEN IST ANDERS ALS KRAFTSPORT KEIN SPORT DER STÄRKE - ODER WIE BEIM MARATHONLAUF EIN SPORT DER AUSDAUER.
ES BEDARF ANDERER FÄHIGKEITEN.

„BALANCE."
„AGILITÄT."
„SPRUNGKRAFT."
UND PRÄZISION.
SOBALD COACH DIE NUMMER RUFT, TRIFF SIE, SO SCHNELL DU KANNST.

27!
ICH HABE LÄNGER FÜRS DRÜCKEN DES KNOPFS GEBRAUCHT ... ALS ER ZUM TREFFEN.
LOS NICHOLAS, DU SCHAFFST ES!
VIER!
DA!
ER SIEHT DIE NUMMER SOFORT, ABER HAT NICHT DIE TECHNIK, SIE ZU TREFFEN.
ELF!
ZWEITBESTE ZEIT NACH SEIJI.
32!
SICHER, DASS SIE HIER IST? KANN SIE NIRGENDS FINDEN.

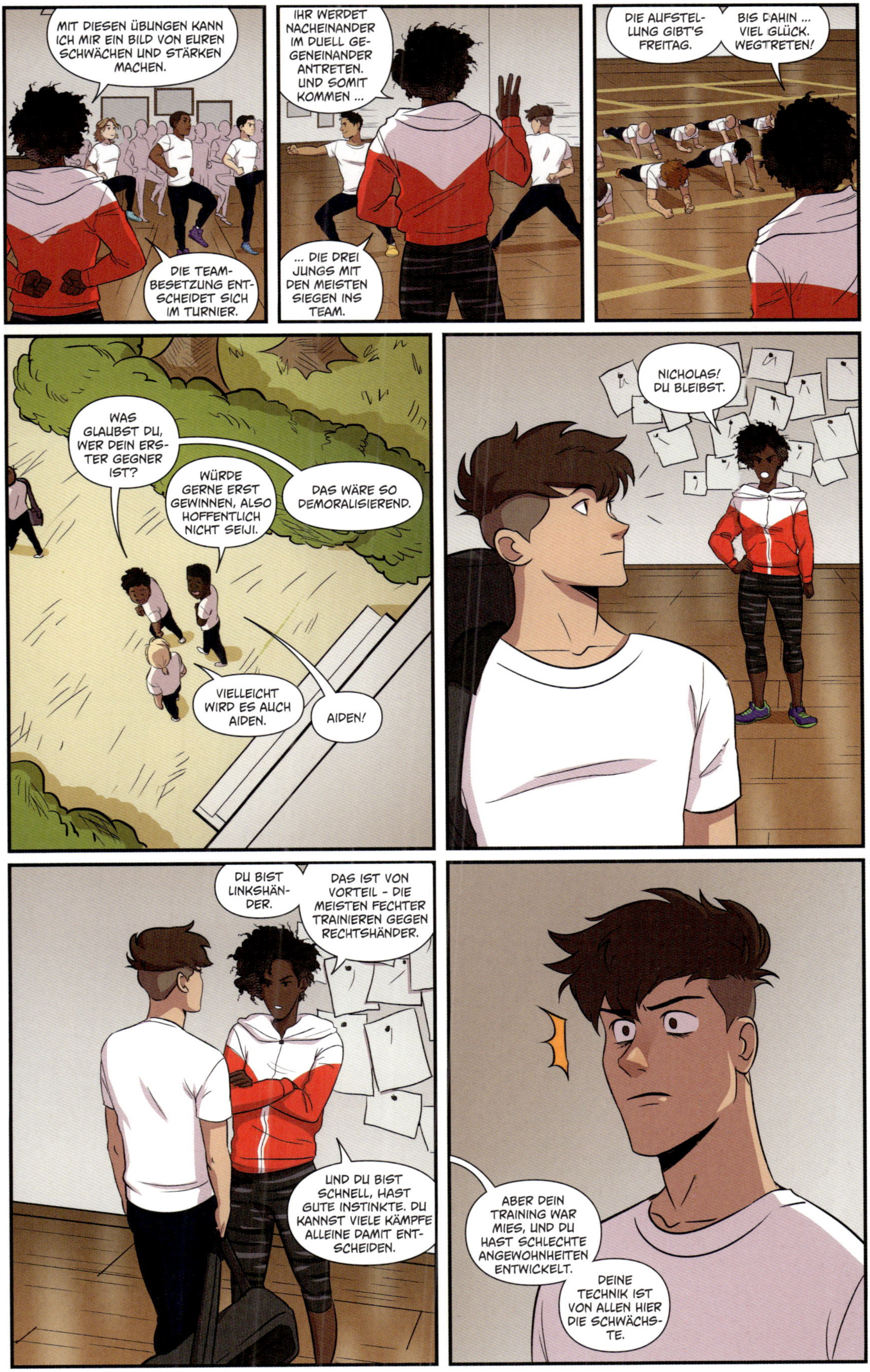
MIT DIESEN ÜBUNGEN KANN ICH MIR EIN BILD VON EUREN SCHWÄCHEN UND STÄRKEN MACHEN.
DIE TEAM-BESETZUNG ENT-SCHEIDET SICH IM TURNIER.
IHR WERDET NACHEINANDER IM DUELL GE-GENEINANDER ANTRETEN. UND SOMIT KOMMEN ...
... DIE DREI JUNGS MIT DEN MEISTEN SIEGEN INS TEAM.
DIE AUFSTEL-LUNG GIBT'S FREITAG.
BIS DAHIN ... VIEL GLÜCK. WEGTRETEN!
WAS GLAUBST DU, WER DEIN ERS-TER GEGNER IST?
WÜRDE GERNE ERST GEWINNEN, ALSO HOFFENTLICH NICHT SEIJI.
DAS WÄRE SO DEMORALISIEREND.
VIELLEICHT WIRD ES AUCH AIDEN.
AIDEN!
NICHOLAS! DU BLEIBST.
DU BIST LINKSHÄN-DER.
DAS IST VON VORTEIL - DIE MEISTEN FECHTER TRAINIEREN GEGEN RECHTSHÄNDER.
UND DU BIST SCHNELL, HAST GUTE INSTINKTE. DU KANNST VIELE KÄMPFE ALLEINE DAMIT ENT-SCHEIDEN.
ABER DEIN TRAINING WAR MIES, UND DU HAST SCHLECHTE ANGEWOHNHEITEN ENTWICKELT.
DEINE TECHNIK IST VON ALLEN HIER DIE SCHWÄCHS-TE.

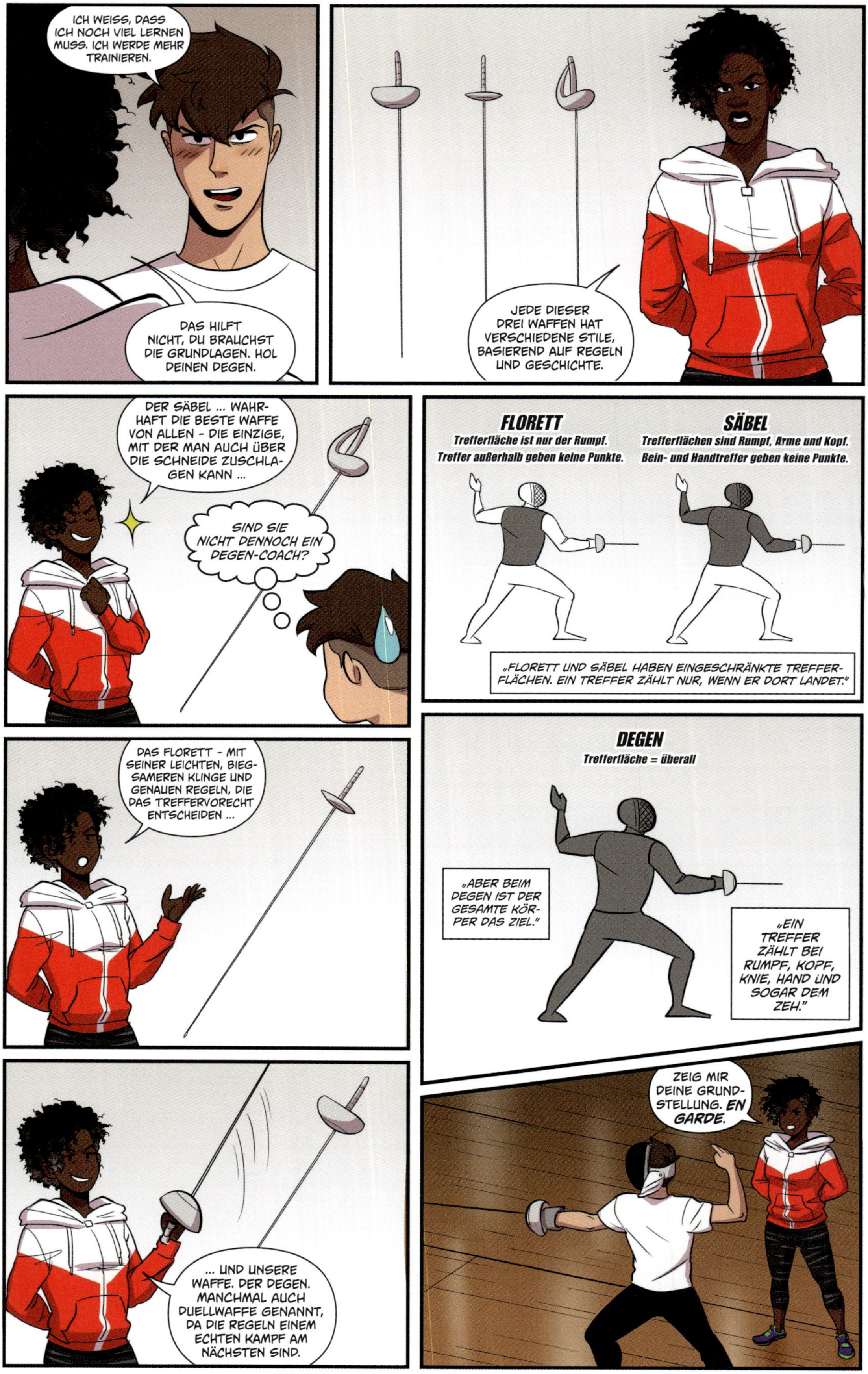

ICH WEISS, DASS ICH NOCH VIEL LERNEN MUSS. ICH WERDE MEHR TRAINIEREN.
DAS HILFT NICHT, DU BRAUCHST DIE GRUNDLAGEN. HOL DEINEN DEGEN.
JEDE DIESER DREI WAFFEN HAT VERSCHIEDENE STILE, BASIEREND AUF REGELN UND GESCHICHTE.
DER SÄBEL ... WAHRHAFT DIE BESTE WAFFE VON ALLEN - DIE EINZIGE, MIT DER MAN AUCH ÜBER DIE SCHNEIDE ZUSCHLAGEN KANN ...
SIND SIE NICHT DENNOCH EIN DEGEN-COACH?
FLORETT
Trefferfläche ist nur der Rumpf.
Treffer außerhalb geben keine Punkte.
SÄBEL
Trefferflächen sind Rumpf, Arme und Kopf.
Bein- und Handtreffer geben keine Punkte.
„FLORETT UND SÄBEL HABEN EINGESCHRÄNKTE TREFFERFLÄCHEN. EIN TREFFER ZÄHLT NUR, WENN ER DORT LANDET."
DAS FLORETT - MIT SEINER LEICHTEN, BIEGSAMEREN KLINGE UND GENAUEN REGELN, DIE DAS TREFFERVORECHT ENTSCHEIDEN ...
DEGEN
Trefferfläche = überall
„ABER BEIM DEGEN IST DER GESAMTE KÖRPER DAS ZIEL."
„EIN TREFFER ZÄHLT BEI RUMPF, KOPF, KNIE, HAND UND SOGAR DEM ZEH."
... UND UNSERE WAFFE. DER DEGEN. MANCHMAL AUCH DUELLWAFFE GENANNT, DA DIE REGELN EINEM ECHTEN KAMPF AM NÄCHSTEN SIND.
ZEIG MIR DEINE GRUNDSTELLUNG. EN GARDE.

ABGEKNICK-TES HANDGELENK, DEIN UNTERARM IST OFFEN.
POTENZIELLER UNTERARMTREFFER
Die richtige Position des Handgelenks ist, dieses gerade zu halten, ohne eine Blöße beim Unterarm zu zeigen.
POTENZIELLER RÜCKENTREFFER
DU STEHST ZU SEITLICH. DEIN RÜCKEN IST OFFEN.
Bei einer guten Haltung steht man weniger seitlich, um den Rücken zu schützen.
DU LEHNST DICH BEIM AUSFALL ZU WEIT VOR. DEIN KOPF IST LEICHT AN-GREIFBAR.
Beim Ausfall bleibt der Torso aufrecht, um rasch zur Grundhaltung zurückzukehren.
ABER DEIN SCHLIMMSTER FEHLER IST DER SCHRITT, BEVOR DU ZUSTÖSST.
SO HAT SICH SEIJI ALL DIE PUNKTE BEIM WETTBEWERB GEHOLT – TROTZ DEINES AGGRESSIVEN INSTINKTS UND DEINER NA-TÜRLICHEN SCHNELLIGKEIT.
JA ... ICH HAB DEN KAMPF GE-SEHEN.
ER HAT DICH VER-NICHTET.
ER HATTE JAHRELANGES TRAINING.
DIE FRAGE IST ALSO ... KANNST DU AUFHOLEN?

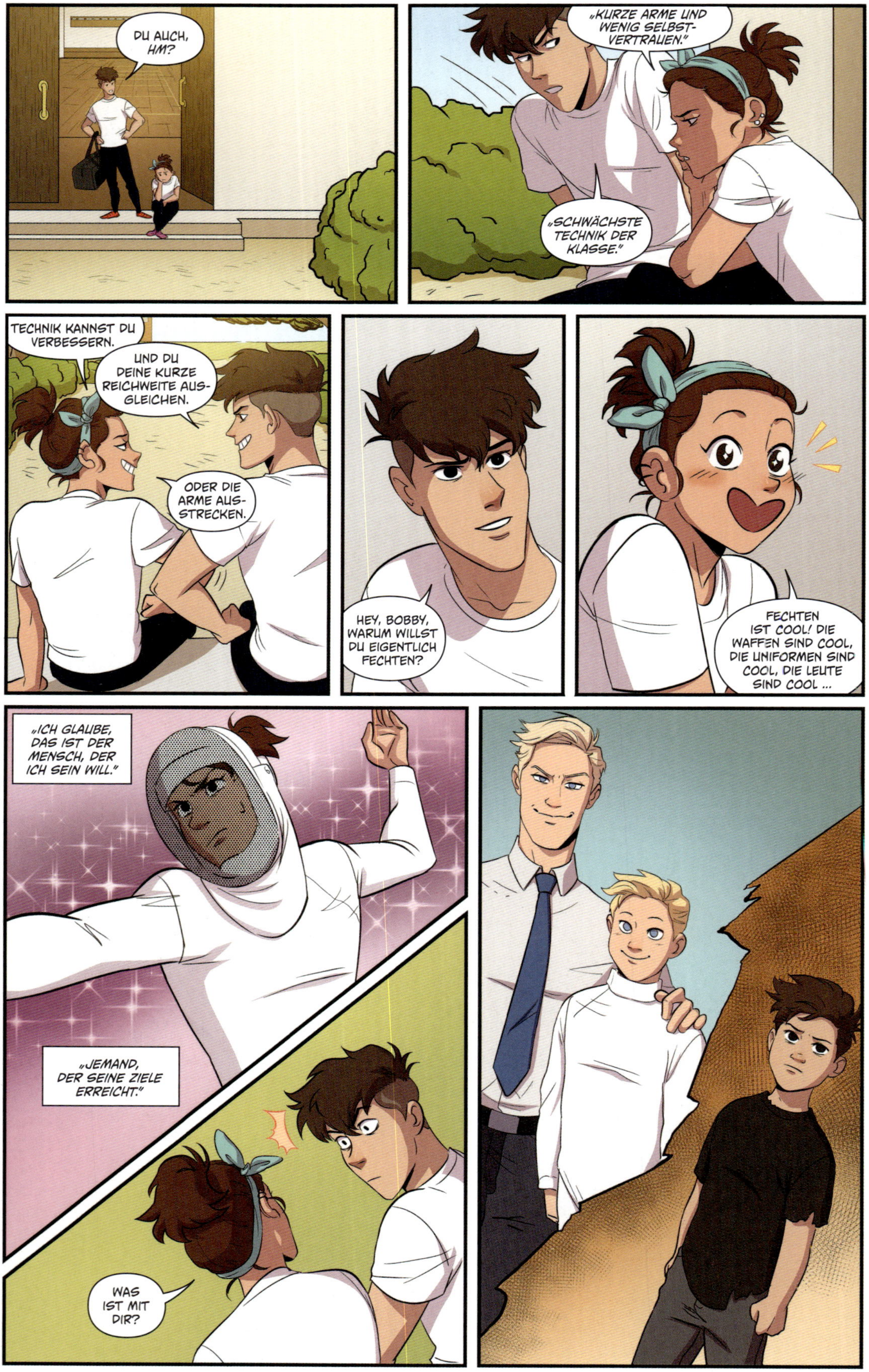
DU AUCH, HM?
„KURZE ARME UND WENIG SELBST-VERTRAUEN."
„SCHWÄCHSTE TECHNIK DER KLASSE."
TECHNIK KANNST DU VERBESSERN.
UND DU DEINE KURZE REICHWEITE AUS-GLEICHEN.
ODER DIE ARME AUS-STRECKEN.
HEY, BOBBY, WARUM WILLST DU EIGENTLICH FECHTEN?
FECHTEN IST COOL! DIE WAFFEN SIND COOL, DIE UNIFORMEN SIND COOL, DIE LEUTE SIND COOL ...
„ICH GLAUBE, DAS IST DER MENSCH, DER ICH SEIN WILL."
„JEMAND, DER SEINE ZIELE ERREICHT."
WAS IST MIT DIR?

bieeep bieeep
4:30 AM
bieeep bieeep
tak tak tak tak tak
TAK TAK TAK TAK TAK TAK

TAK TAK TAK TAK TAK TAK
SEIJI, WER IST DIESER JUNGE? DU WEISST, WIE SEHR ICH UNTERBRECHUNGEN HASSE.
MUSS HIER ALSO AUCH EINE LINIE AUF DEM BODEN HER?
SAG DU'S MIR.
STEH UNS JA NICHT IM WEG.
GRUNDLAGEN. HANDGELENK GERADE, DAUMEN AUF ELF UHR. NICHT ZU WEIT DREHEN ...
ICH WAR NOCH NIE AUF EINEM INTERNAT.

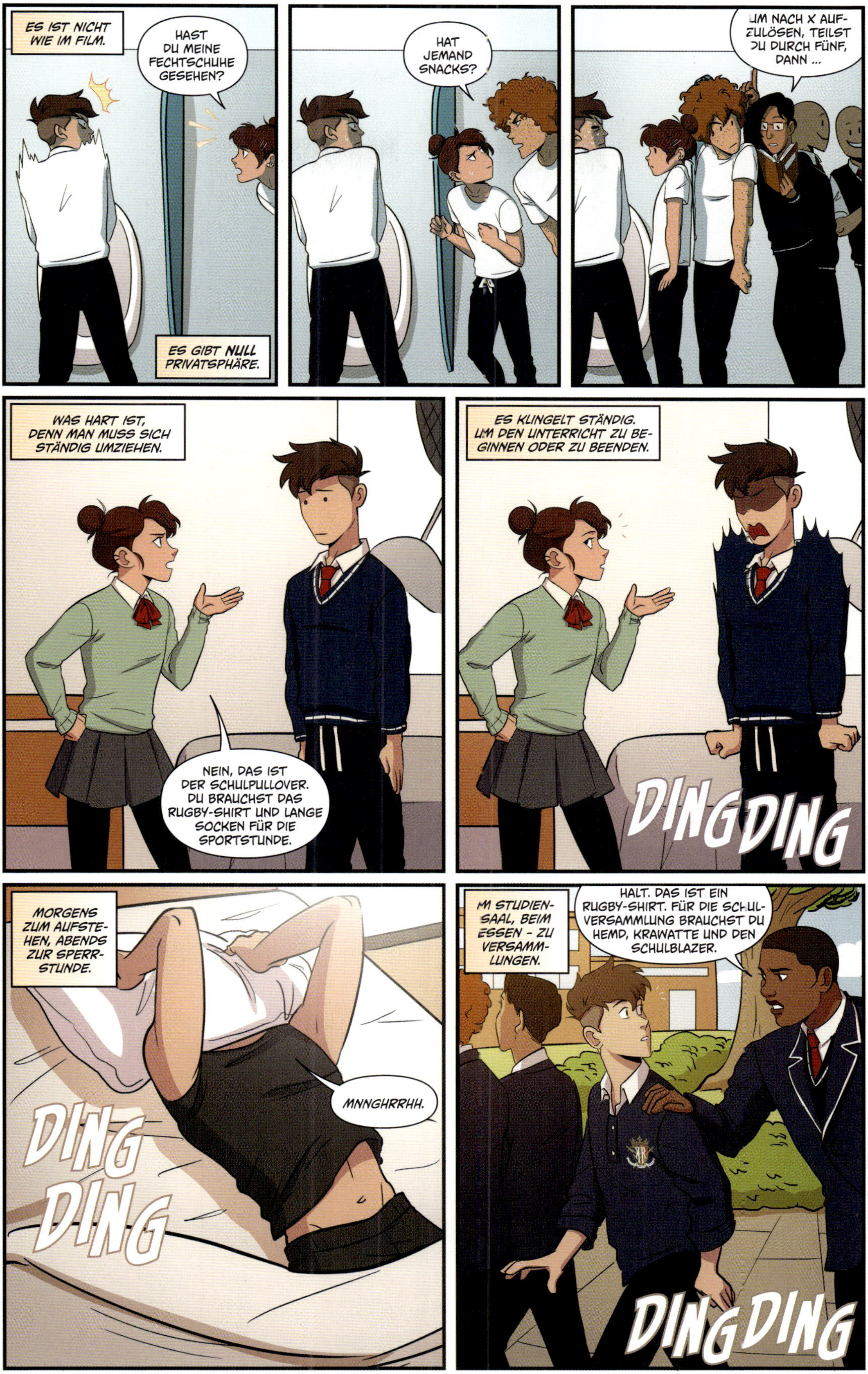
ES IST NICHT WIE IM FILM.
HAST DU MEINE FECHTSCHUHE GESEHEN?
ES GIBT NULL PRIVATSPHÄRE.
HAT JEMAND SNACKS?
UM NACH X AUFZULÖSEN, TEILST DU DURCH FÜNF, DANN ...
WAS HART IST, DENN MAN MUSS SICH STÄNDIG UMZIEHEN.
NEIN, DAS IST DER SCHULPULLOVER. DU BRAUCHST DAS RUGBY-SHIRT UND LANGE SOCKEN FÜR DIE SPORTSTUNDE.
ES KLINGELT STÄNDIG. UM DEN UNTERRICHT ZU BEGINNEN ODER ZU BEENDEN.
DING DING
MORGENS ZUM AUFSTEHEN, ABENDS ZUR SPERRSTUNDE.
MNNGHRRHH.
DING DING
IM STUDIENSAAL, BEIM ESSEN – ZU VERSAMMLUNGEN.
HALT. DAS IST EIN RUGBY-SHIRT. FÜR DIE SCHULVERSAMMLUNG BRAUCHST DU HEMD, KRAWATTE UND DEN SCHULBLAZER.
DING DING

MEIN WOHNHEIM HEISST CASTELLO. DIE MEISTEN DER KINGS-ROW-FECHTER SIND HIER UNTERGEBRACHT.
BOBBY WOHNT GEGENÜBER. MIT EINEM KERL NAMENS DANTE.
SIE SIND IMMER ZUSAMMEN.
HÄHNCHEN.
APFEL.
TAUSCH!
TROTZ DES ELITESTATUS IST DAS ESSEN ECHT MIES.
DER TEAMCAPTAIN IST DREI ZIMMER WEITER. ER WOHNT MIT DEM PLAYBOY DER SCHULE ZUSAMMEN.
DAS DERZEITIGE TEAM ISST GEMEINSAM.
Captain
Playboy
KALLY UND TANNER SIND EIN ZIMMER WEITER UNTEN. KALLY HÄLT TANNER IN SCHACH.
UND DER TYP WOHNT BEI MIR.

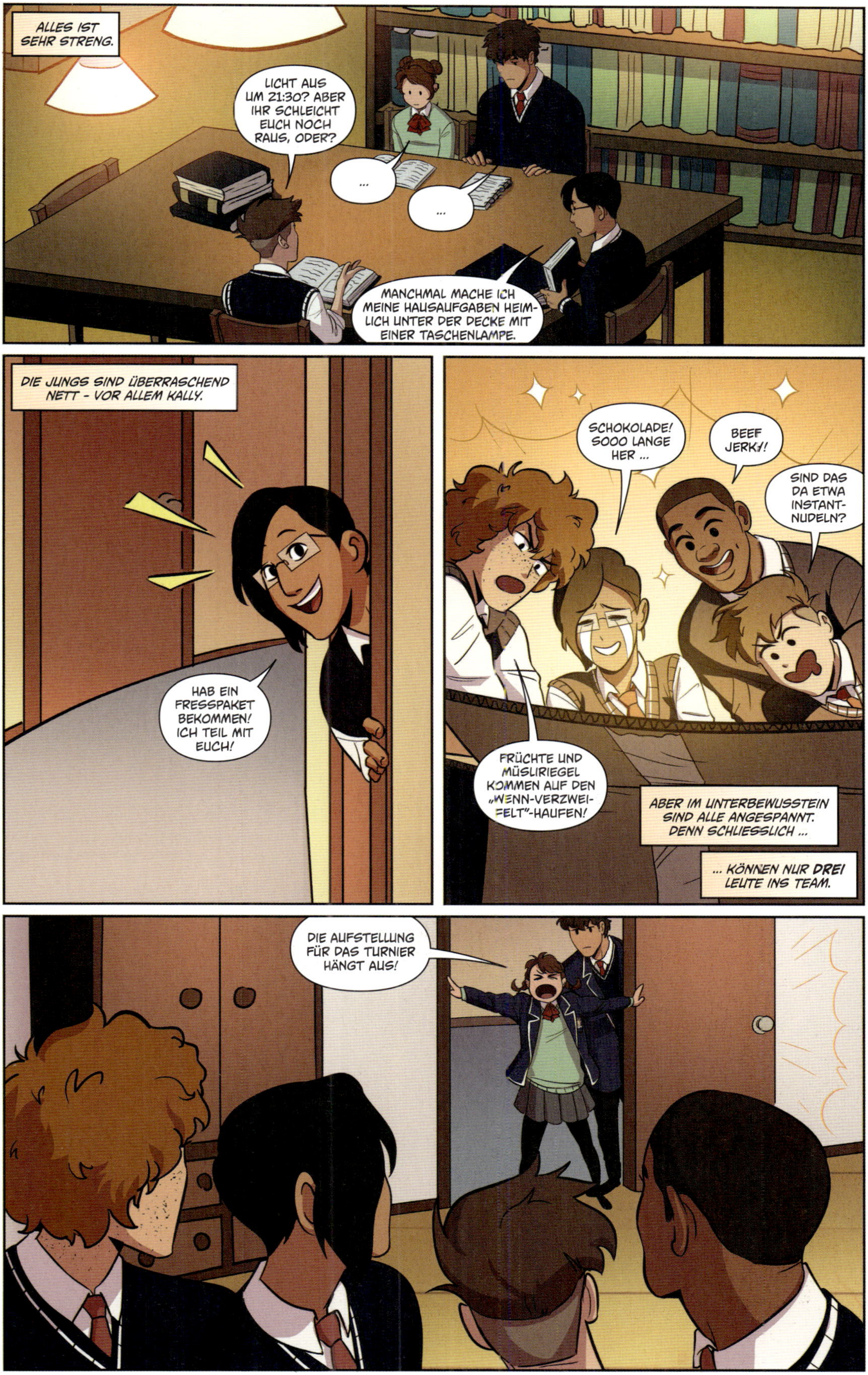
ALLES IST SEHR STRENG.
LICHT AUS UM 21:30? ABER IHR SCHLEICHT EUCH NOCH RAUS, ODER?
...
...
MANCHMAL MACHE ICH MEINE HAUSAUFGABEN HEIMLICH UNTER DER DECKE MIT EINER TASCHENLAMPE.
DIE JUNGS SIND ÜBERRASCHEND NETT – VOR ALLEM KALLY.
HAB EIN FRESSPAKET BEKOMMEN! ICH TEIL MIT EUCH!
SCHOKOLADE! SOOO LANGE HER ...
BEEF JERKY!
SIND DAS DA ETWA INSTANT-NUDELN?
FRÜCHTE UND MÜSLIRIEGEL KOMMEN AUF DEN „WENN-VERZWEIFELT"-HAUFEN!
ABER IM UNTERBEWUSSTEIN SIND ALLE ANGESPANNT. DENN SCHLIESSLICH ...
... KÖNNEN NUR DREI LEUTE INS TEAM.
DIE AUFSTELLUNG FÜR DAS TURNIER HÄNGT AUS!

QUALIFIKATION FÜRS KINGS-ROW-FECHTTEAM
AUFSTELLUNG: JEDER GEGEN JEDEN
RUNDE AUFSTELLUNG
1 BOBBY RODRIGUEZ VS HARVARD LEE
1 JAY JONES VS BON PROFUSE
1 EUGENE LABAO VS NICHOLAS COX
1 SEIJI KATAYAMA VS TANNER REED
1 NATHAN HILSTROM VS ZAYN HAMEED
1 ANTONIO MAIUTO VS
MEIN ERSTER KAMPF IST GEGEN DEN CAPTAIN? DAS WIRD 'NE NULLRUNDE.
HEY, ICH KÄMPFE GEGEN DIE NULL! LEICHTER SIEG.
NENN MICH NICHT SO!
ICH GEGEN SEIJI. GUT, KANN'S KAUM ERWARTEN, DEM ARROGANTEN FRISCH-LING EINE LEKTION ZU ERTEILEN.
DU GLAUBST WIRKLICH, DASS ES SO ABLAUFEN WIRD?
IN DEM TURNIER MUSS JEDER SCHÜLER EINMAL GEGEN ALLE ANDEREN ANTRETEN.
ALSO MUSS JEDER GEGEN SEIJI KÄMPFEN.
UND ICH EBENSO.
WIE VER-SPROCHEN, TRETE ICH NOCH MAL GEGEN IHN AN.
ABER ZUERST IST EUGENE DRAN.

TECHNISCH BETRACHTET, SEHE ICH DAS SO.
SPITZENREITER
SEIJI, HARVARD
Komplettpakete
AIDEN
überheblich
BOBBY
unsicher
KALLY
vorhersehbar
EUGENE
unberechenbar
TANNER
flippt ständig aus
NICHOLAS
miese Technik
WARUM HABEN SIE NICHOLAS AUF DER LISTE? ER IST EINER DER SCHWÄCHSTEN FECHTER.
SIE HABEN IHN DOCH BEI DEN 200 LINIENSPRINTS GESEHEN. ER WAR SCHNELLER ALS SEIJI.
ALS OB SICH SEIJI ANGESTRENGT HÄTTE. ES WAR JA KEIN WETTKAMPF.
DANN VERSTEHEN SIE WOHL SEINE PERSÖNLICHKEIT GRUNDLEGEND NICHT.

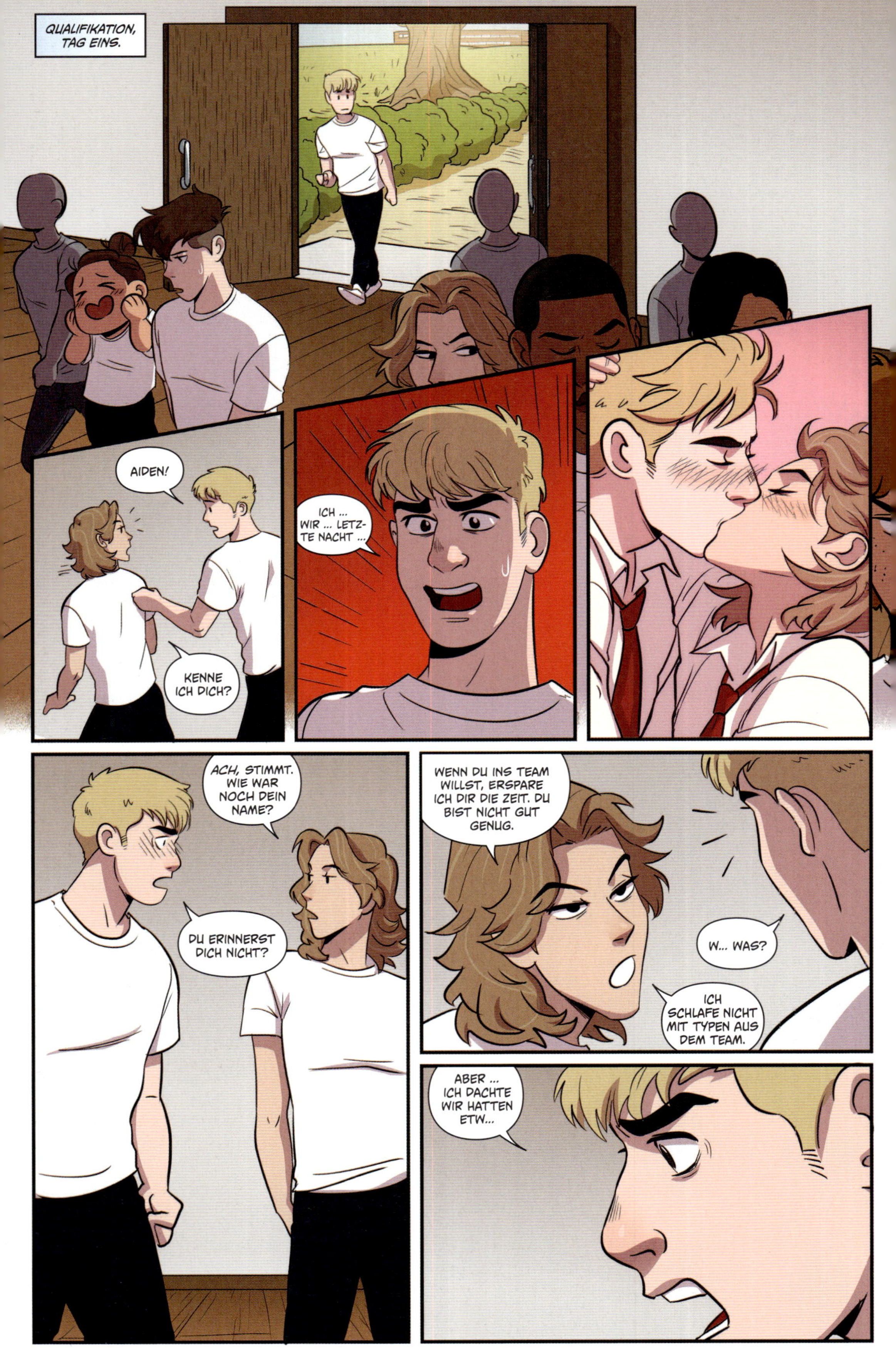
QUALIFIKATION, TAG EINS.
AIDEN!
KENNE ICH DICH?
ICH ... WIR ... LETZ-TE NACHT ...
ACH, STIMMT. WIE WAR NOCH DEIN NAME?
DU ERINNERST DICH NICHT?
WENN DU INS TEAM WILLST, ERSPARE ICH DIR DIE ZEIT. DU BIST NICHT GUT GENUG.
W... WAS?
ICH SCHLAFE NICHT MIT TYPEN AUS DEM TEAM.
ABER ... ICH DACHTE WIR HATTEN ETW...

FÜR EINE NACHT WAR'S GANZ NETT, ABER LASS UNS NICHT SO TUN, ALS WÄRE DA MEHR.
WIR KENNEN UNS NICHT MAL.
EISKALT.
NOCH EIN AIDEN-OPFER.
ER SOLLTE EIN WARNSCHILD TRAGEN.
JAY, IGNORIER IHN. DENK AN DEINEN KAMPF.
DAS IST DEINE CHANCE ZU FECHTEN. LASS DIR DAS NICHT VON AIDEN ZERSTÖREN.
IHM IST EGAL ...
SEI RUHIG! WAS WEISST DU SCHON ÜBER UNS?
ICH KENNE AIDEN. KENNE IHN, SEIT WIR FÜNF WAREN.
HARVARD, EHRLICH. WARUM VERSCHWENDEST DU ZEIT MIT DIESEN LOSERN?
DU WEISST, DASS ER ES NIE INS TEAM SCHAFFEN WIRD.
JAY IST KEIN LOSER.
JAY! DAS WAR SEIN NAME.

RUNDE AUFSTELLUNG ENDSTAND GEWINNER
1 BOBBY RODRIGUEZ VS HARVARD LEE
1 JAY JONES VS BON PROFUSE
1 EUGENE LABAO VS NICHOLAS COX
1 SEIJI KATAYAMA VS TANNER REED
1 NATHAN HILSTROM VS ZAYN HAMEED
ANTONIO MAIUTO
GRUPPE EINS, IHR SEID DRAN.
VIEL GLÜCK. GEBT EUER BESTES. AB JETZT ZÄHLT JEDES MATCH.
ES GIBT NICHT GENUG PISTEN, DAMIT ALLE AUF EINMAL KÄMPFEN KÖNNEN.
DAS IST UNSERE CHANCE, DIE ANDEREN BEIM FECHTEN ZU SEHEN.
NATÜRLICH WILL JEDER BEI SEIJI ZUSCHAUEN.
ICH HABE IHN NUR BEIM TRAINING GESEHEN ...
EN GARDE.
MEIN ERSTES MAL, IHN RICHTIG FECHTEN ZU SEHEN.
PRÊTS.

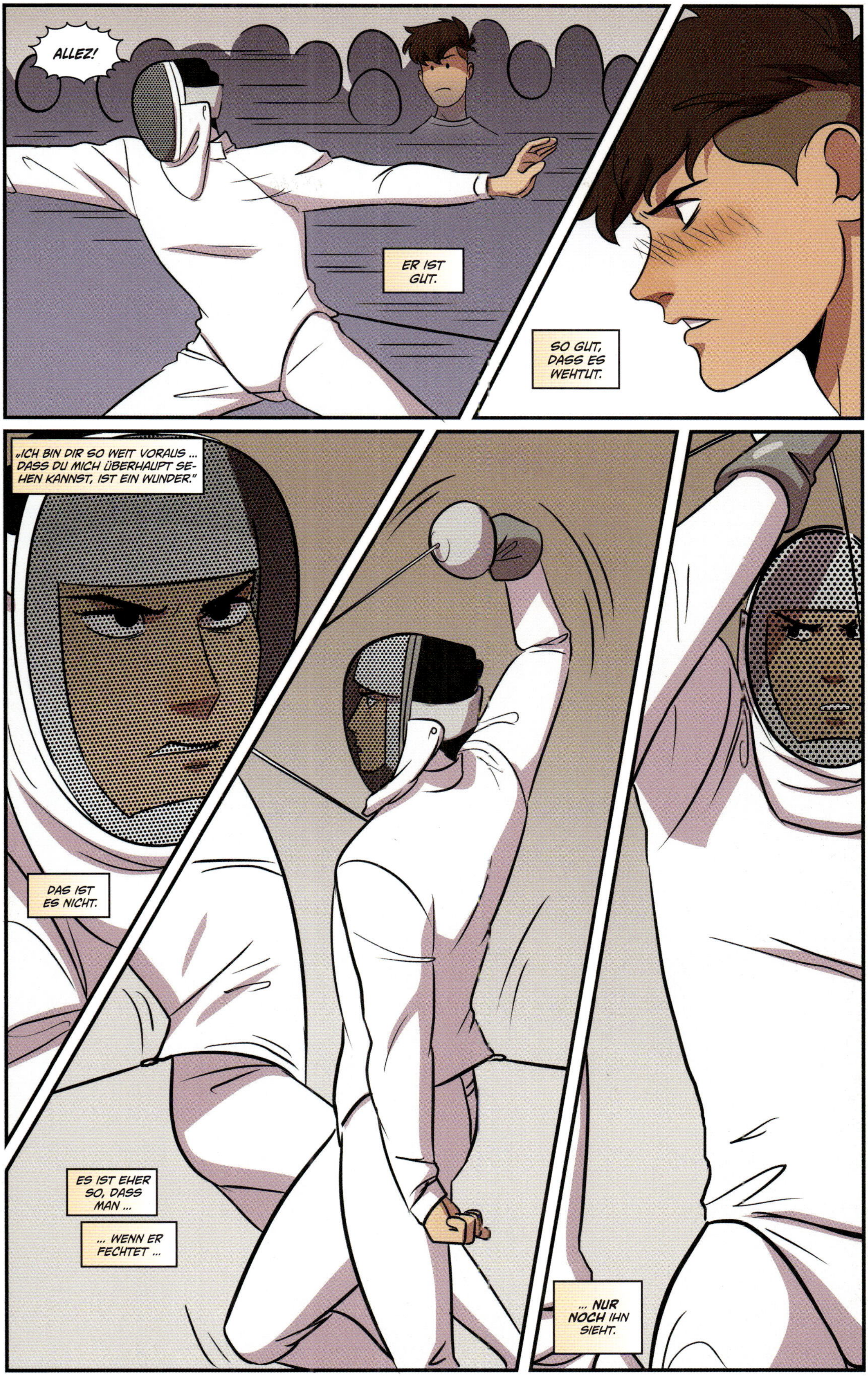

ALLEZ!
ER IST GUT.
SO GUT, DASS ES WEHTUT.
„ICH BIN DIR SO WEIT VORAUS ... DASS DU MICH ÜBERHAUPT SEHEN KANNST, IST EIN WUNDER."
DAS IST ES NICHT.
ES IST EHER SO, DASS MAN ...
... WENN ER FECHTET ...
... NUR NOCH IHN SIEHT.

0 15
GEWINNER!
SEIJI KATAYAMA
ER IST UNGLAUB-LICH!
BOBBY HAT RECHT. ER IST SOGAR BESSER ALS LETZTES JAHR.
PAH, WARUM MUSS SO EIN MISTKERL SO EIN GUTER FECHTER SEIN.
DAS ERGIBT KEINEN SINN.
GRUPPE ZWEI, AUF EURE POSITIONEN!
SEIJI HAT SEIN ERSTES MATCH GEWONNEN. ICH MUSS NACH-ZIEHEN.

WELCHEN KAMPF SOLLEN WIR ANSCHAUEN? AIDEN FECHTET JA GERADE NICHT.
WIE WÄR'S MIT DEM FRISCHLING - DEM MIT DEM STIPENDIUM?
NICHOLAS? NIEMALS. DER IST GROTTIG!
ICH HAB GEHÖRT, DASS ER WOHL REGIONAL GEGEN SEIJI VERLOREN HAT.
UND DASS ER FEST ENTSCHLOSSEN WÄRE, IHN HIER ZU SCHLAGEN.
JEDER JUNGE IN DER U-16 JAGT SEIJI NACH.
BERUHT NUR NICHT AUF GEGENSEITIGKEIT.
EIN SO GUTER FECHTER VERLIERT KEINEN GEDANKEN AN JEMANDEN WIE NICHOLAS.
... UND WARUM SCHAUT ER DANN SEIN MATCH?

DER TREFFER ... WIE ER DAMALS REAGIERT HAT ...
EN GARDE.
ES WAR NICHTS ALS EIN ZUFALL.
PRÊTS.
DAS HEISST NICHT, DASS ER ...
ALLEZ!

KAPITEL Vier

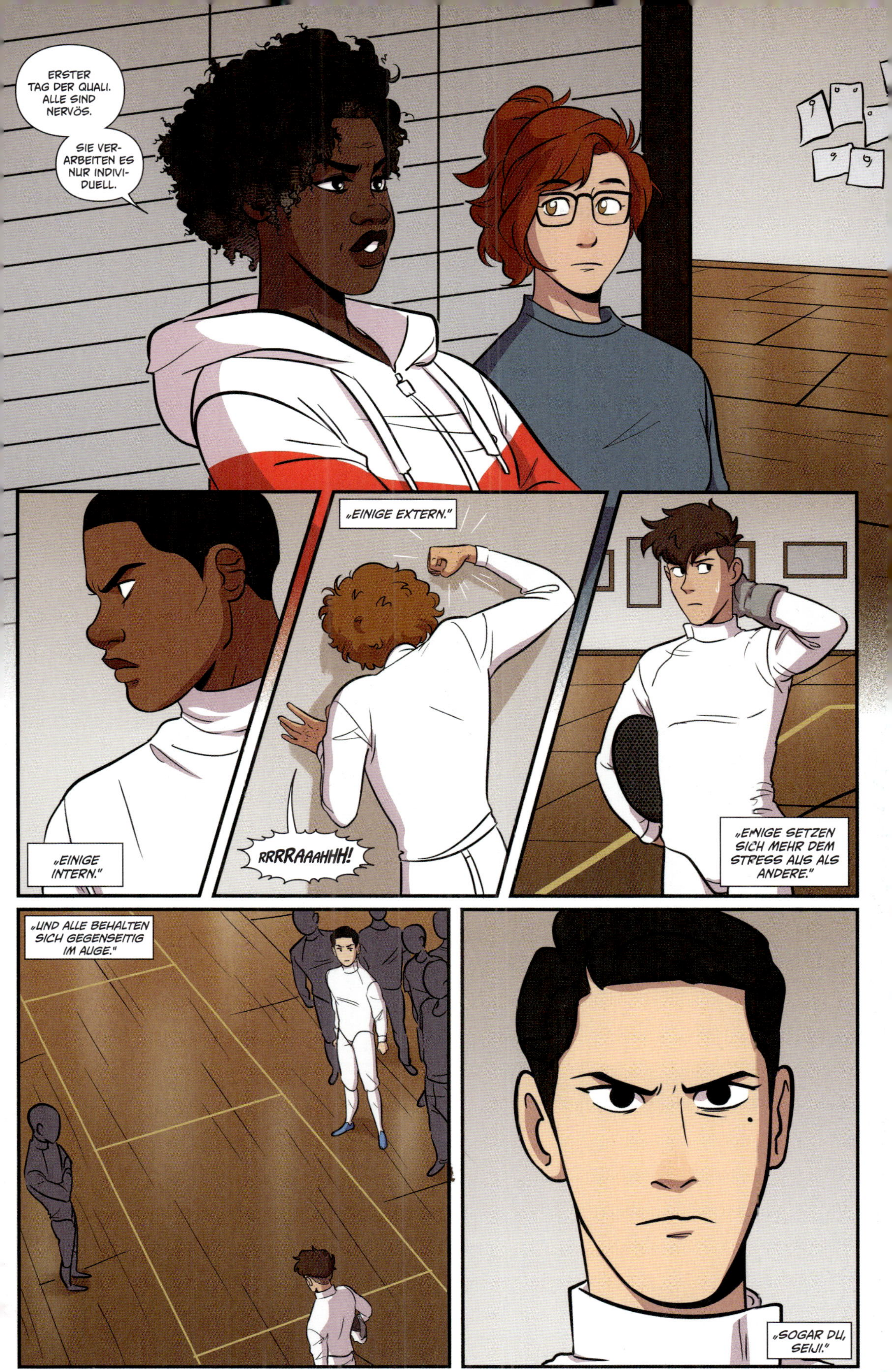
ERSTER TAG DER QUALI. ALLE SIND NERVÖS.
SIE VERARBEITEN ES NUR INDIVIDUELL.
„EINIGE INTERN."
„EINIGE EXTERN."
RRRRAAAHHH!
„EINIGE SETZEN SICH MEHR DEM STRESS AUS ALS ANDERE."
„UND ALLE BEHALTEN SICH GEGENSEITIG IM AUGE."
„SOGAR DU, SEIJI."

„ICH HAB DEIN MATCH GEGEN NICHOLAS GESEHEN, SEIJI."
„ICH HABE DASSELBE WIE DU GESEHEN ... DEN GRUND, WARUM DU GERADE ZU-SCHAUST."
NICHOLAS COX.
SEINE TECHNIK WAR SCHLAMPIG. ER WAR REGIONAL LEICHT ZU SCHLAGEN.
ABER ...
... ES GAB DIESEN MOMENT ...

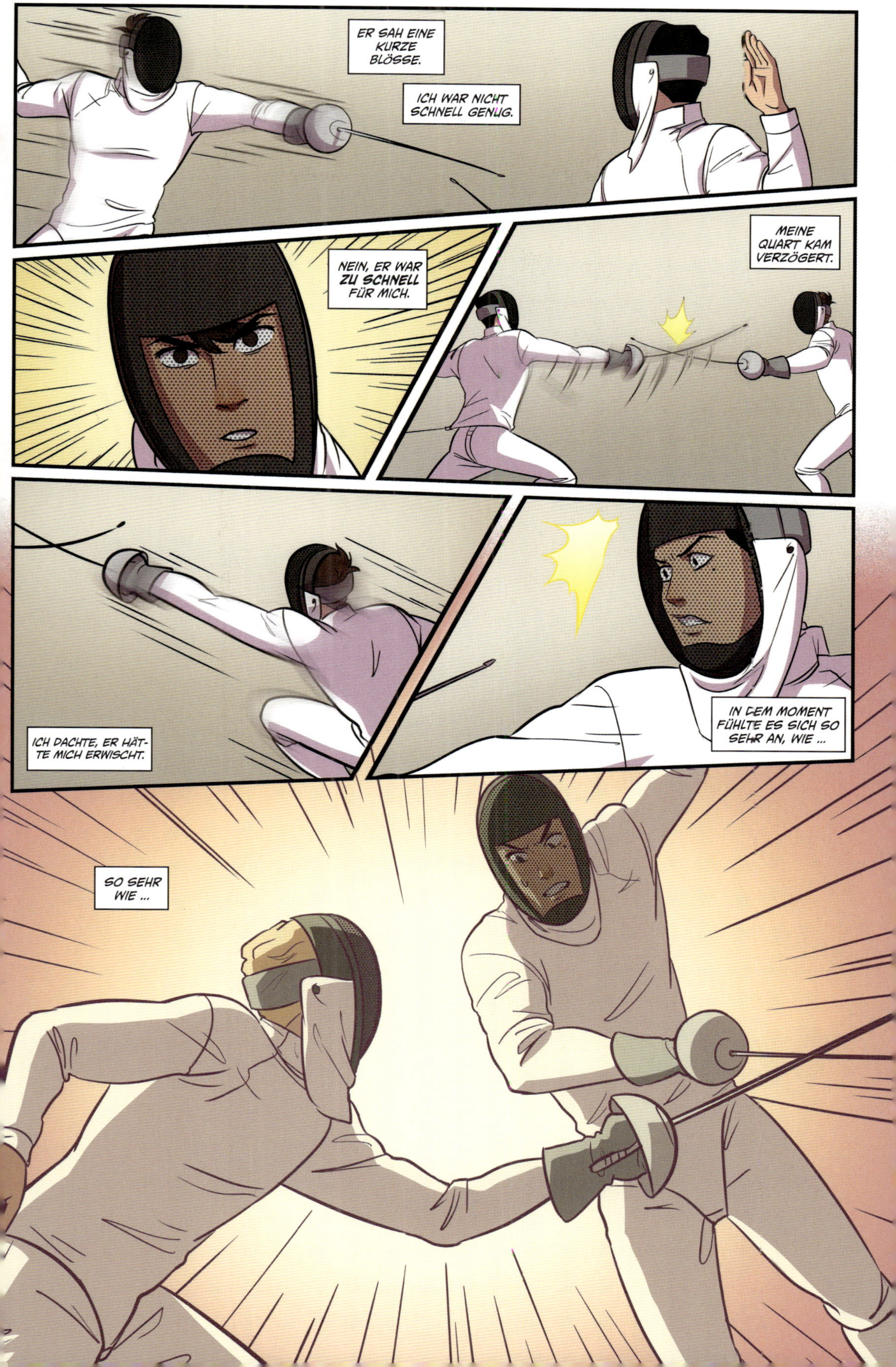
ER SAH EINE KURZE BLÖSSE.
ICH WAR NICHT SCHNELL GENUG.
NEIN, ER WAR **ZU SCHNELL** FÜR MICH.
MEINE QUART KAM VERZÖGERT.
ICH DACHTE, ER HÄTTE MICH ERWISCHT.
IN DEM MOMENT FÜHLTE ES SICH SO SEHR AN, WIE ...
SO SEHR WIE ...

DU MAGST UNANTASTBAR SEIN, ABER ICH WERDE DERJENIGE SEIN, DER DEINE VERTEIDIGUNG DURCHBRICHT!
ICH WERDE DICH SCHLAGEN. UND DU WIRST SPÜREN, WIE ES SICH ANFÜHLT, VOR ALLEN ZU VERLIEREN.
ICH TRETE ERST AM ENDE DES WETTKAMPFES GEGEN IHN AN.
ABER ICH KANN IHM JETZT SCHON ZUSEHEN.
NICHOLAS, ZEIG MIR, WAS DU DRAUFHAST.

RUHIG BLEIBEN.
NICHOLAS COX, EUGENE LABAO, AUF EURE PLÄTZE.
HEY, NULL ...
atch 1: Nicholas Cox gegen Eugene Labao
... MACH'S MIR NICHT ZU LEICHT.
ALLES, WAS ICH TUN MUSS, UM HIER ZU BLEIBEN, IST ...
EN GARDE.
PRÊT.
... GEWINNEN.
ALLEZ.

DA! EUGENE IST OFFEN!
DU MACHST EINEN SCHRITT, BEVOR DU DEN ARM ZUM STOSS AUSSTRECKST.
SO HAT SICH SEIJI ALL DIE PUNKTE BEIM WETTBEWERB GEHOLT
HALT, ES WÄRE RICHTIG, ERST DEN ARM ZU STRECKEN, BEVOR ...
ZU LANG-SAM!
NEIN ...
TREFFER

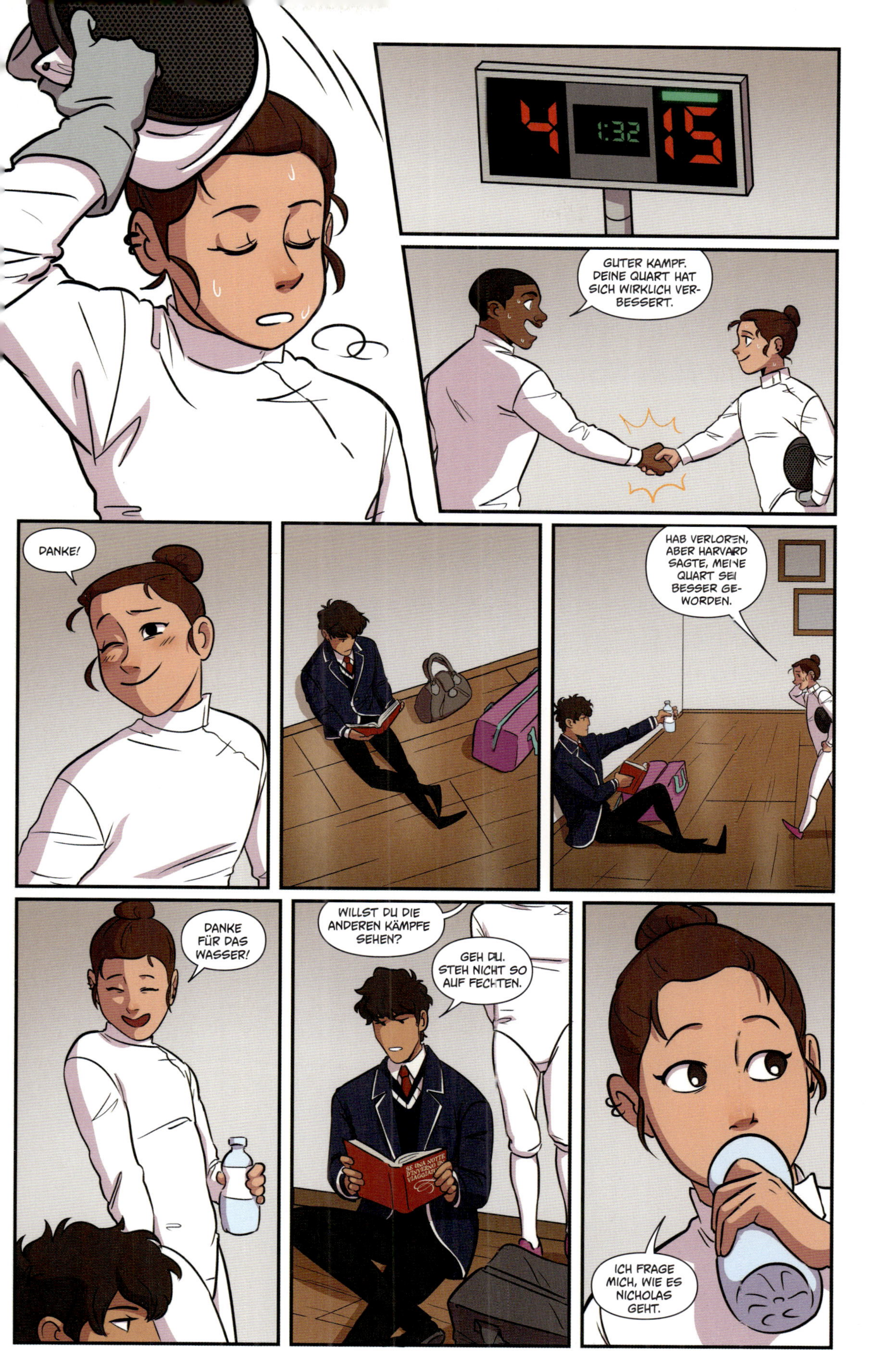
4
1:32
15
GUTER KAMPF. DEINE QUART HAT SICH WIRKLICH VERBESSERT.
DANKE!
HAB VERLOREN, ABER HARVARD SAGTE, MEINE QUART SEI BESSER GEWORDEN.
DANKE FÜR DAS WASSER!
WILLST DU DIE ANDEREN KÄMPFE SEHEN?
GEH DU. STEH NICHT SO AUF FECHTEN.
ICH FRAGE MICH, WIE ES NICHOLAS GEHT.

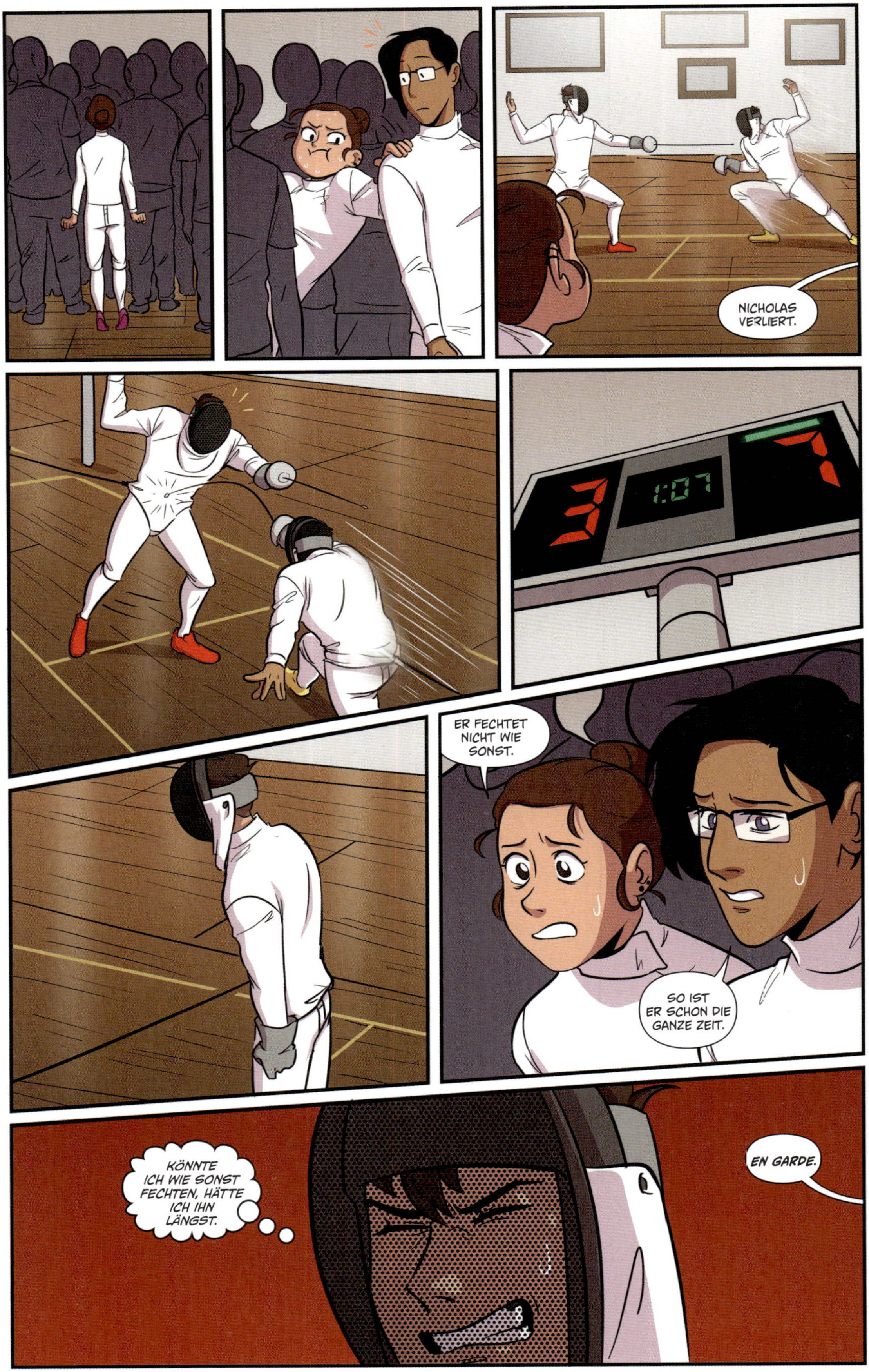
NICHOLAS VERLIERT.
ER FECHTET NICHT WIE SONST.
SO IST ER SCHON DIE GANZE ZEIT.
KÖNNTE ICH WIE SONST FECHTEN, HÄTTE ICH IHN LÄNGST.
EN GARDE.

ICH HABE KERLE WIE EUGENE SCHON VORHER GESCHLAGEN.
ICH KANN SEINE FEHLER SEHEN. SEHE SEINE ANGRIFFE KOMMEN.
WENN ICH DOCH NUR NORMAL FECHTEN KÖNNTE.
TREFFER
ABER DEIN TRAINING WAR MIES, UND DU HAST SCHLECHTE ANGEWOHNHEITEN ENTWICKELT.
DEINE TECHNIK IST VON ALLEN HIER DIE SCHWÄCHSTE.
ER DENKT ZU VIEL.
VIELLEICHT DER DRUCK. ETWAS MACHT IHM ZU SCHAFFEN.
ER MUSS SICH ENTSPANNEN UND WIEDER WIE IMMER FECHTEN.
ABER WIE IMMER ZU FECHTEN ...

„… WIRD SCHWERER, UMSO MEHR MAN VERZWEIFELT."
Dein Vater will dich nicht

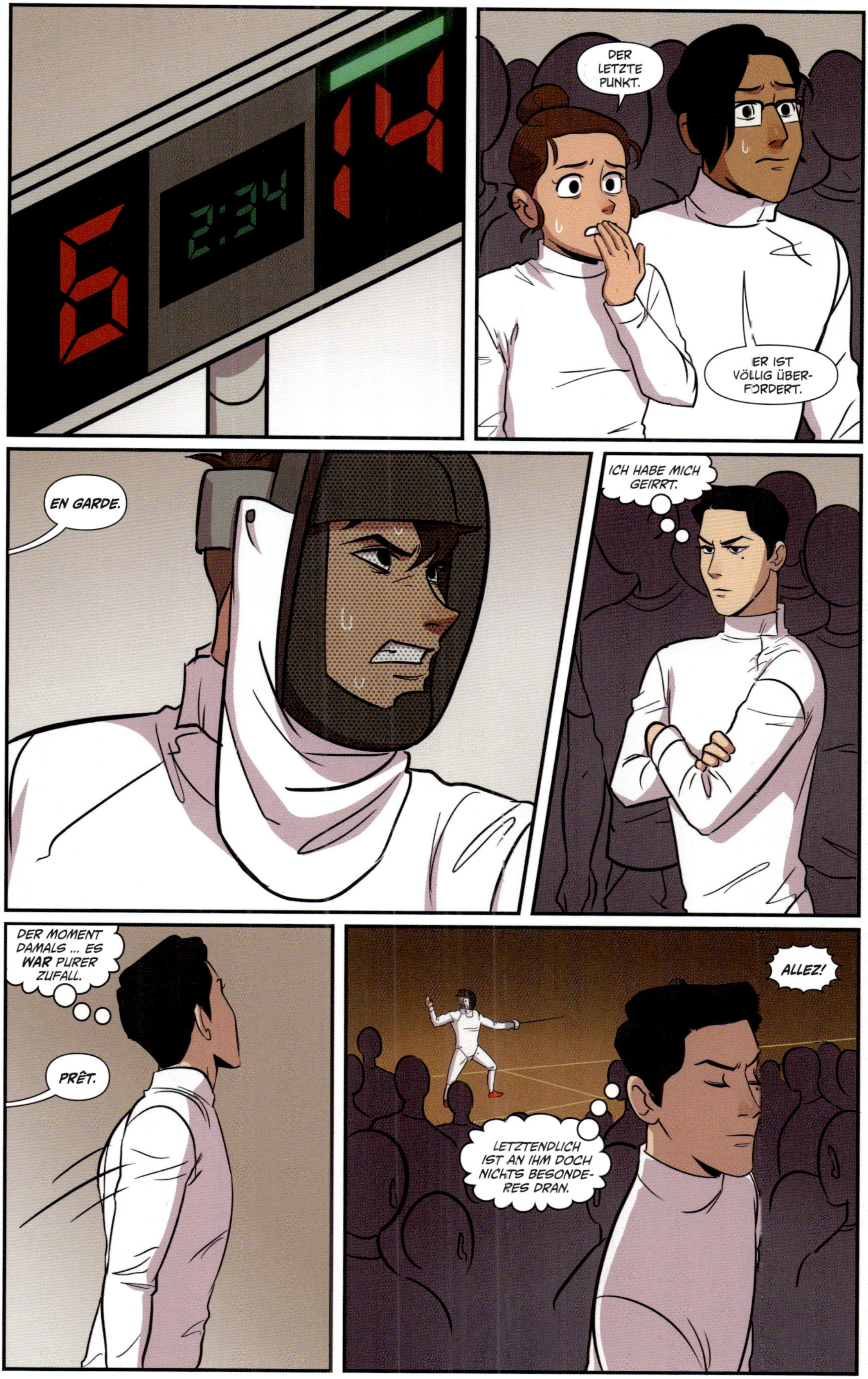
6
2:34
14
DER LETZTE PUNKT.
ER IST VÖLLIG ÜBER-FORDERT.
EN GARDE.
ICH HABE MICH GEIRRT.
DER MOMENT DAMALS ... ES **WAR** PURER ZUFALL.
PRÊT.
ALLEZ!
LETZTENDLICH IST AN IHM DOCH NICHTS BESONDE-RES DRAN.

GEWINNER!
EUGENE LABAO
JA! DER ERSTE SIEG. SORRY KUMPEL, BEIM NÄCHSTEN MAL WIRD'S WAS.
SICHER.

ALLE MAL HER-KOMMEN!
SAUBERE LEISTUNG HEUTE. GLÜCKWÜNSCHE AN DIE SIEGER. ABER DENKT DARAN ...
... DIE QUALI HAT ERST BE-GONNEN.
ES WIRD INSGESAMT 24 MATCHES GEBEN.
WIR MACHEN SAMSTAGMORGEN WEITER, DAS TURNIER DAUERT DAS GANZE WOCHENENDE.
AUFSTELLUNG
HARVARD LEE
BON PROFUSE
NICHOLAS COX
TANNER REED
NATHAN HILSTROM VS ZAYN HAMEED
ANTONIO MAIUTO VS
ES IST WICHTIG, DASS IHR KONZENTRIERT BLEIBT.
ALSO LASST ES RUHIG ANGEHEN UND GEBT ALLES.

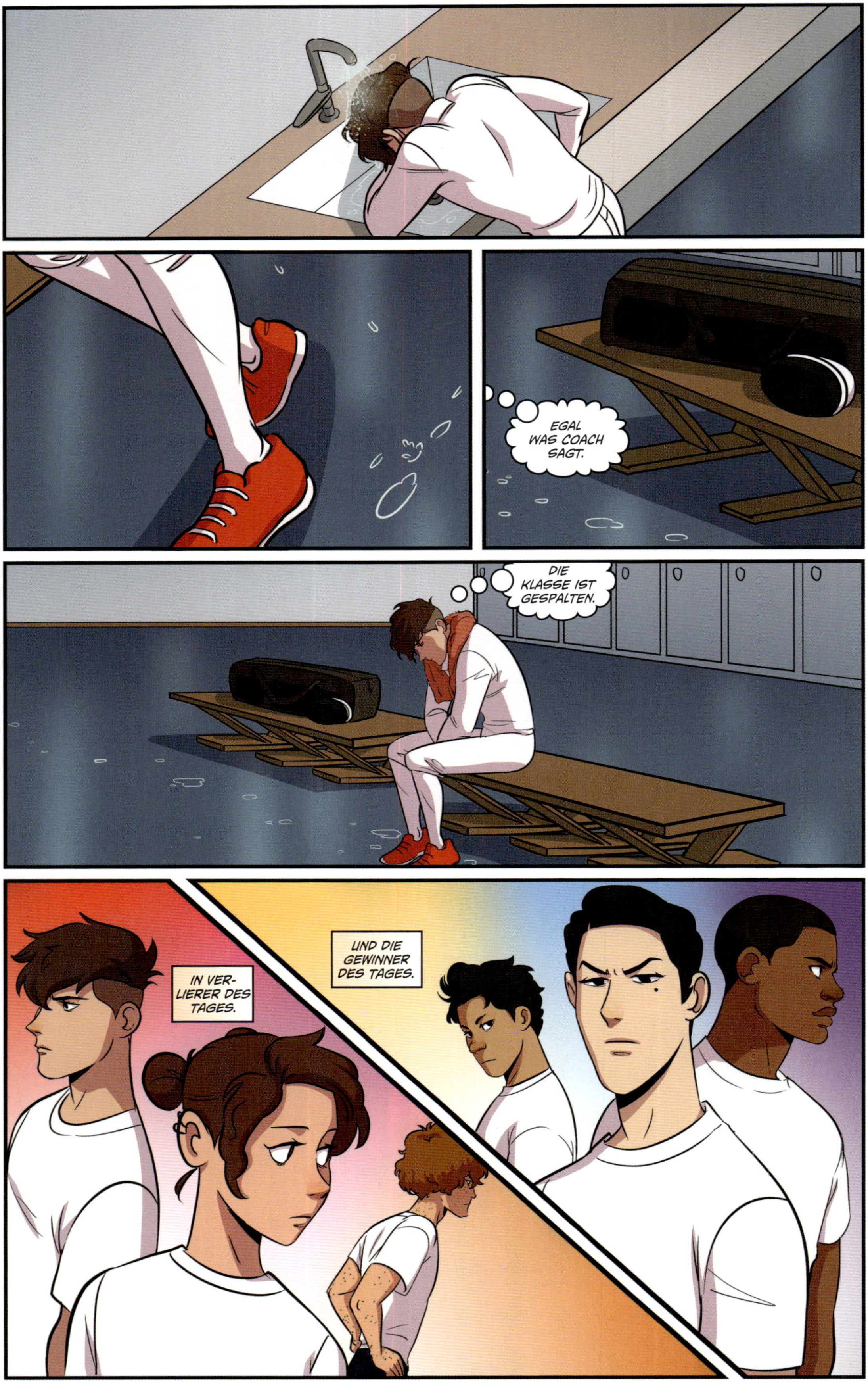
EGAL WAS COACH SAGT.
DIE KLASSE IST GESPALTEN.
IN VERLIERER DES TAGES.
UND DIE GEWINNER DES TAGES.

JETZT GEHT DAS RECHNEN LOS.
ICH HABE VERLOREN UND KÄMPFE MORGEN GEGEN HARVARD. ALSO ZWEI NIEDERLAGEN. ABER WENN ICH AB JETZT NUR GEWINNE ...
ICH DENKE, ES WIRD SO SEIN ...
... SEIJI BLEIBT UNBESIEGT. HARVARD HAT EINE NIEDERLAGE ... GEGEN SEIJI.
ALSO, HABEN ALLE ANDEREN MINDESTENS ZWEI NIEDERLAGEN ...
UND SIE WERDEN ZUNEHMEND VERZWEIFELTER ...
GENAU. DAS BEDEUTET, ES BLEIBT EIN PLATZ FÜR LEUTE MIT ZWEI NIEDERLAGEN WIE MICH ...
... UND DENKEN „ICH SCHAFFE ES, WENN DER SPITZENKANDIDAT DIE NÄCHSTEN DREI VERLIERT" ODER „WENN ICH DIE NÄCHSTEN FÜNF HINTEREINANDER GEWINNE" ...
... WÄHREND DER PFAD ZUM SIEG IMMER ENGER WIRD.
WOAH. TANNER. WIE IST DAS DENN PASSIERT?

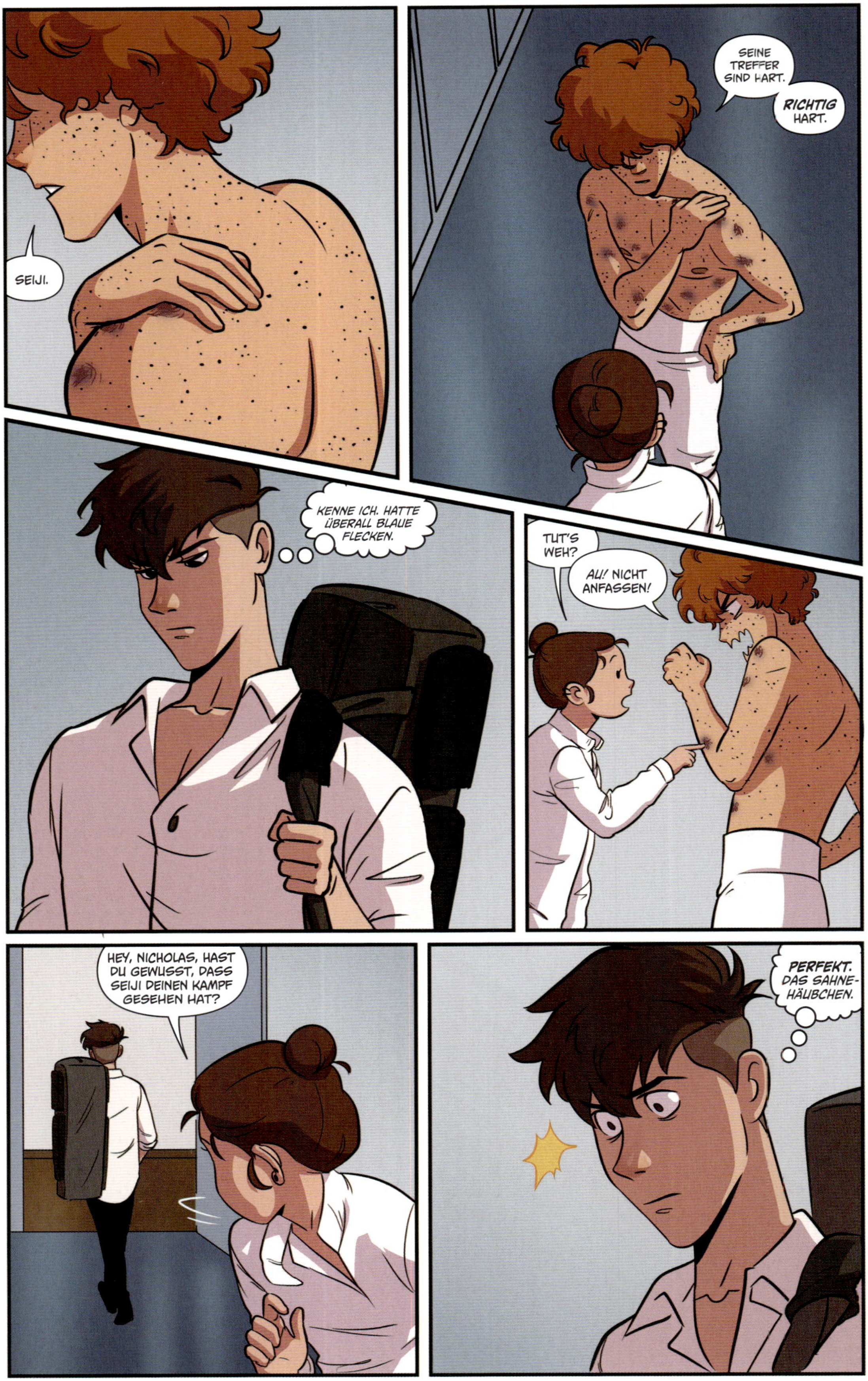
SEIJI.
SEINE TREFFER SIND HART.
RICHTIG HART.
KENNE ICH. HATTE ÜBERALL BLAUE FLECKEN.
TUT'S WEH?
AU! NICHT ANFASSEN!
HEY, NICHOLAS, HAST DU GEWUSST, DASS SEIJI DEINEN KAMPF GESEHEN HAT?
PERFEKT. DAS SAHNE-HÄUBCHEN.

108
108
108
ICH DACHTE, DU WÄRST ANS VERLIEREN GE-WÖHNT.
KÖNNTEST DU EINMAL NUR ...
WEISST DU WAS? ICH BIN WEG.
NICHOLAS? WO GEHST DU HIN? DIE SPERRSTUNDE!

DER RAUM HAT ECHT 'NE GESPALTENE PERSÖNLICHKEIT.
ICH HAB NICHOLAS RAUSRENNEN SEHEN.
IST ALLES OKAY?
ER HAT VERLOREN. DARAN SOLLTE ER DOCH GEWÖHNT SEIN.
HAST DU DAS ETWA ZU IHM GESAGT?
DING DING
DIE SPERRSTUNDENGLOCKE.
ER TAUCHT SCHON AUF. ER WIRD DIE QUALI NICHT VERPASSEN.

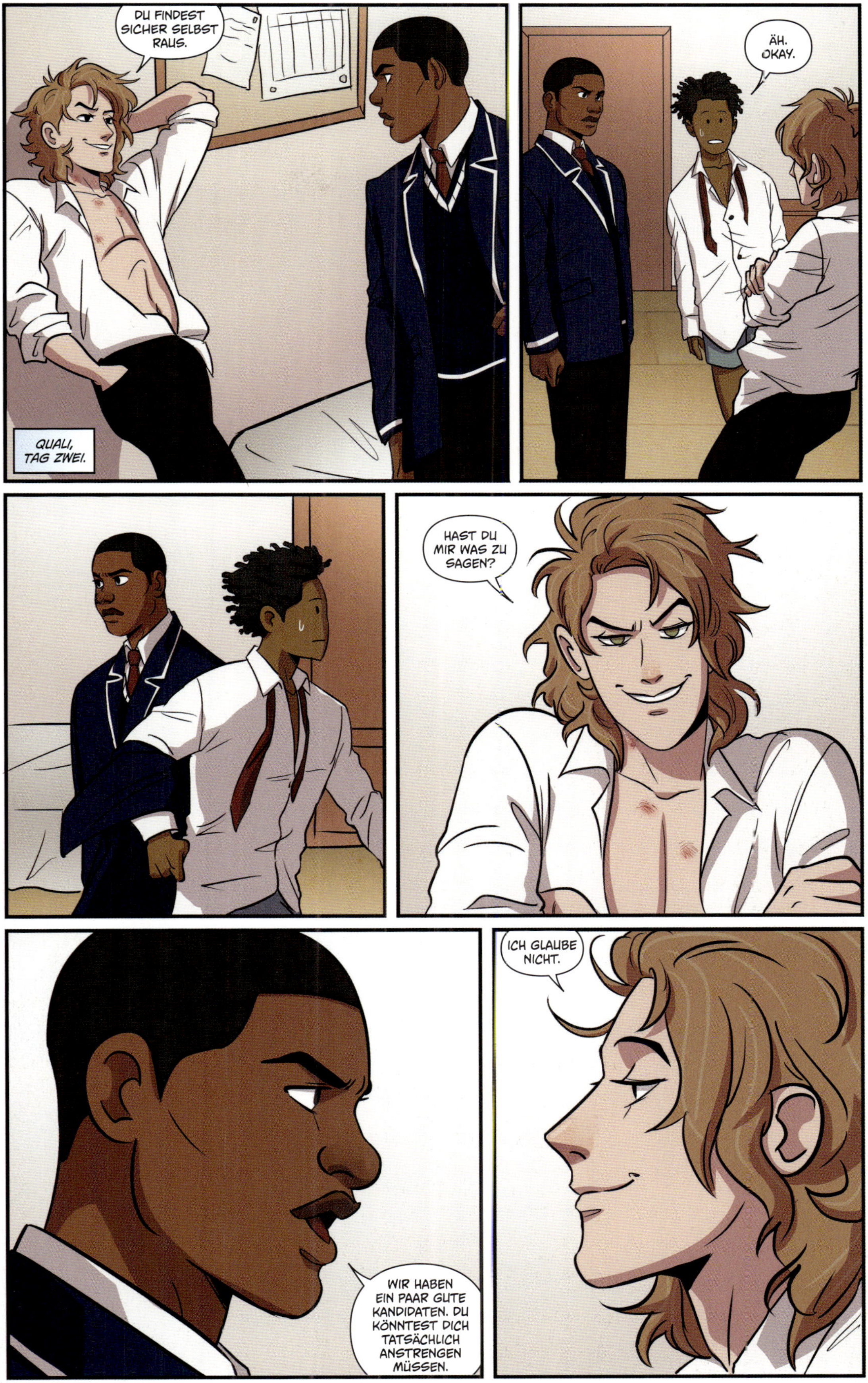
DU FINDEST SICHER SELBST RAUS.
QUALI, TAG ZWEI.
ÄH. OKAY.
HAST DU MIR WAS ZU SAGEN?
WIR HABEN EIN PAAR GUTE KANDIDATEN. DU KÖNNTEST DICH TATSÄCHLICH ANSTRENGEN MÜSSEN.
ICH GLAUBE NICHT.

HI AIDEN! HAB EINEN GLÜCKSBRINGER FÜR DICH.
WIR FEUERN DICH VON DER TRIBÜNE AN.
ICH AUCH! NATÜRLICH BRAUCHST DU KEINEN. DU BIST SO TALENTIERT!
DANKE!
BIST DU ZUVERSICHTLICH WEGEN DES ERSTEN MATCHS?
ZUVERSICHT?
ES IST MEHR ... WIE SOLL ICH SAGEN? ICH WERDE MICH MEHR AMÜSIEREN ALS SONST.
HM? WER IST DEIN GEGNER?

HEY, KALLY! GEWINNST DU HEUTE WIEDER?
EIGENTLICH HABE ICH GESTERN 15:7 GEGEN AIDEN VERLOREN.
GEGEN AIDEN? ABER ER KOMMT NIE ZUM TRAINING.
ICH WEISS, DASS ER THEORETISCH MIT DIR IM TEAM IST, ABER ER KOMMT NIE ZU KÄMPFEN UND SO ...
WÄRE ER WENIGSTENS ZU EIN PAAR KÄMPFEN ERSCHIENEN, WÄRE DIE LETZTE MEISTERSCHAFT BESSER AUSGEFALLEN.
WENN DU SCHNELL BIST, KANNST DU AIDENS ERSTEN KAMPF SEHEN.
DER GEGNER IST SEIJI.
HAHA, WOHER WUSSTEST DU, DASS ICH DEN SEHEN WOLLTE?
ALLE MAL HERKOMMEN. HEUTE IST DER ZWEITE QUALI-TAG ...
WO IST NICHOLAS?
HAB IHN SEIT LETZTER NACHT NICHT MEHR GESEHEN.
NICHTERSCHEINEN ZÄHLT AUTOMATISCH ALS NIEDERLAGE ...

SEIJI KATAYAMA.
DIE GEHEIMWAFFE VON UNSEREM COACH, UM EXTON ZU SCHLAGEN, IST EIN VERKLEMMTER JUNGE, DER GEGEN JESSE VERLOREN HAT.
ICH HABE DICH KÄMPFEN GESEHEN, ALSO WEISS ICH, WAS ICH SAGE ...
DU BIST BESSER ALS ICH, UND ICH WERDE DICH TROTZDEM SCHLAGEN.
Fortsetzung folgt ...

COVER-
Galerie

AUSGABE 01 – COVER VON

Johanna the Mad

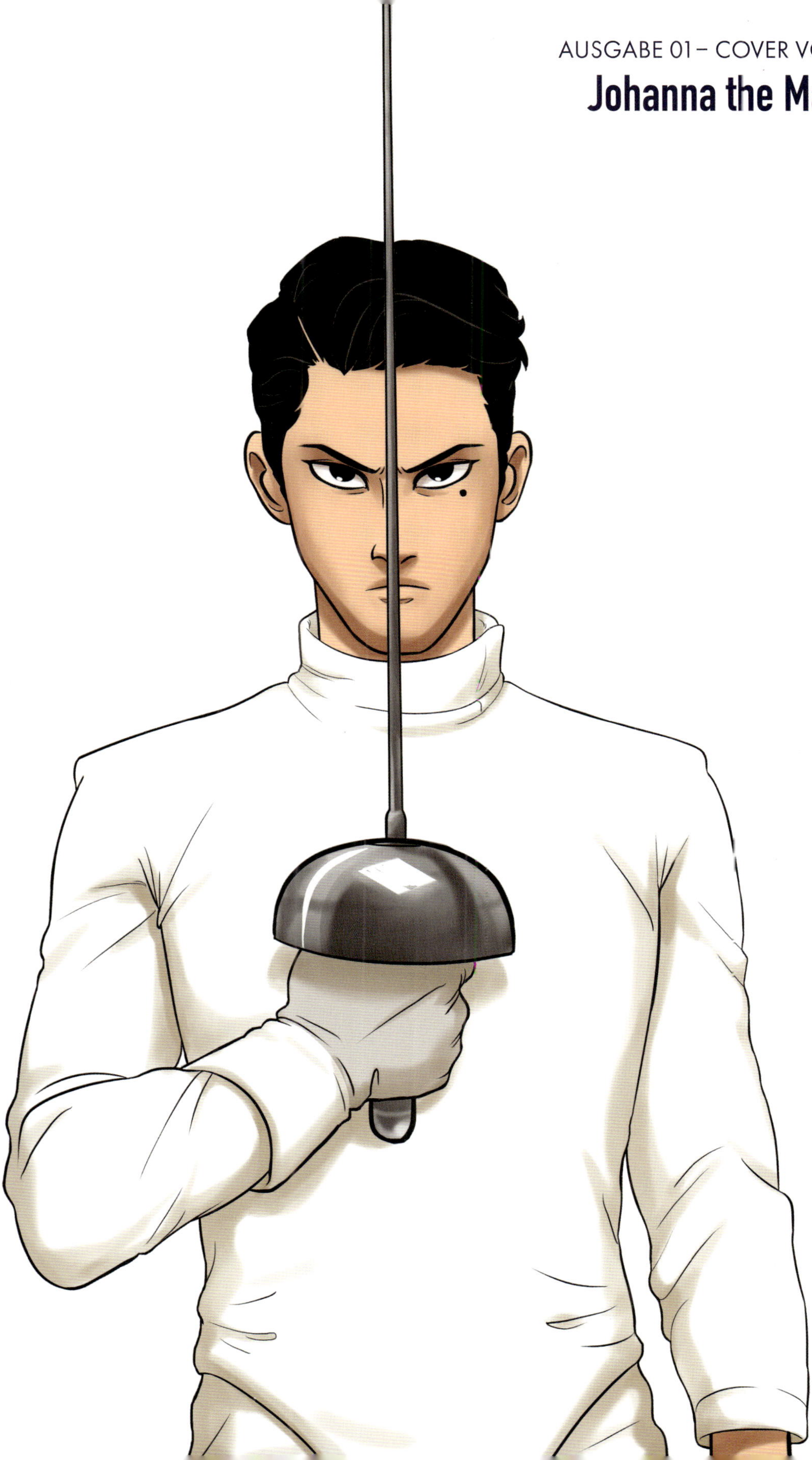

AUSGABE 01 – VARIANT-COVER VON
Kevin Wada

JSGABE 01 – EIGENS FÜR DEN FACHHANDEL FREIGEGEBENES VARIANT-COVER VON

Shanen Pae

AUSGABE 01 – EXKLUSIVES FRIED-PIE-VARIANT-COVER VON
Shanen Pae

AUSGABE 02 – COVER VON

Johanna the Mad

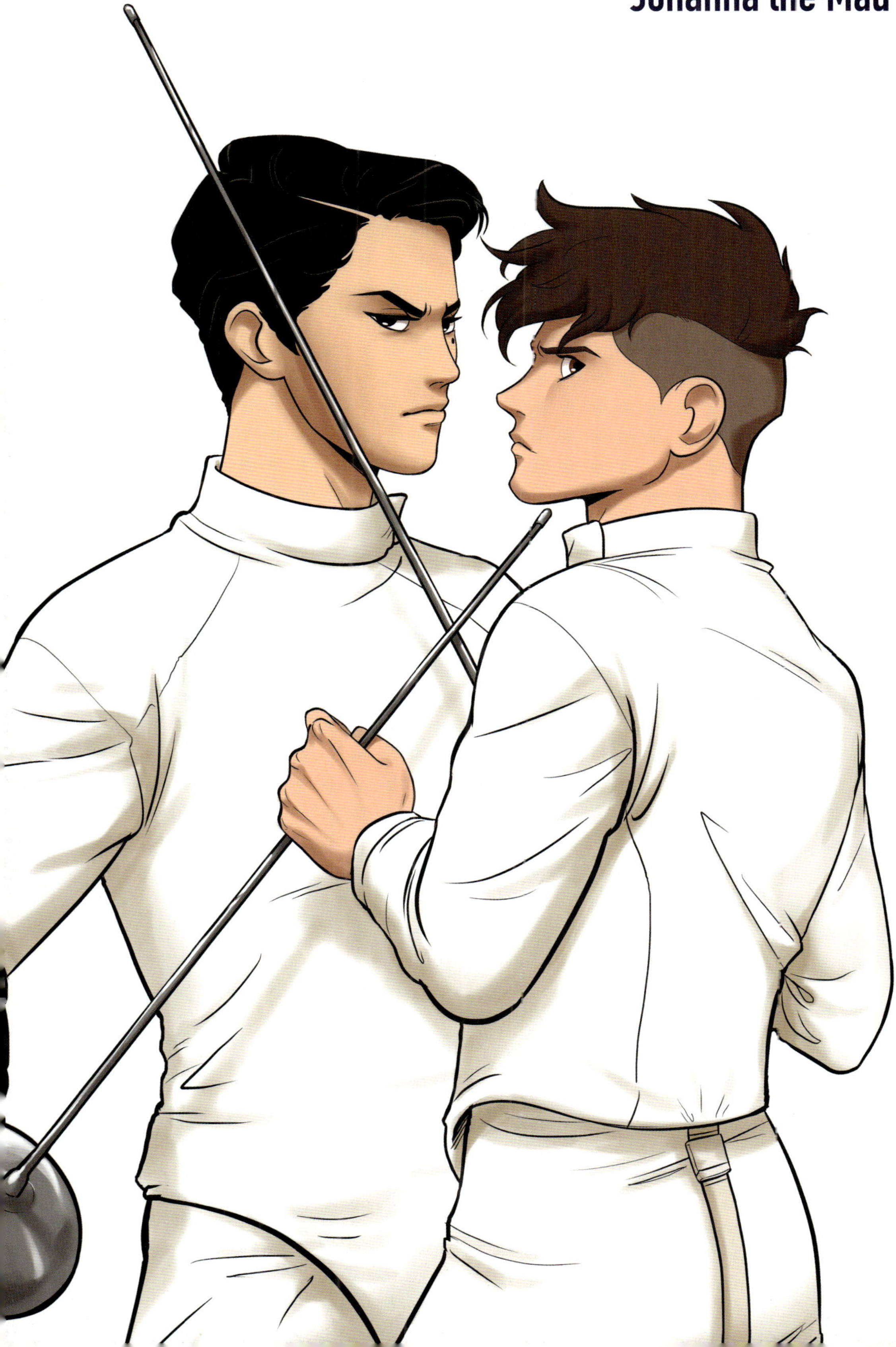

AUSGABE 03 – COVER VON

Johanna the Mad

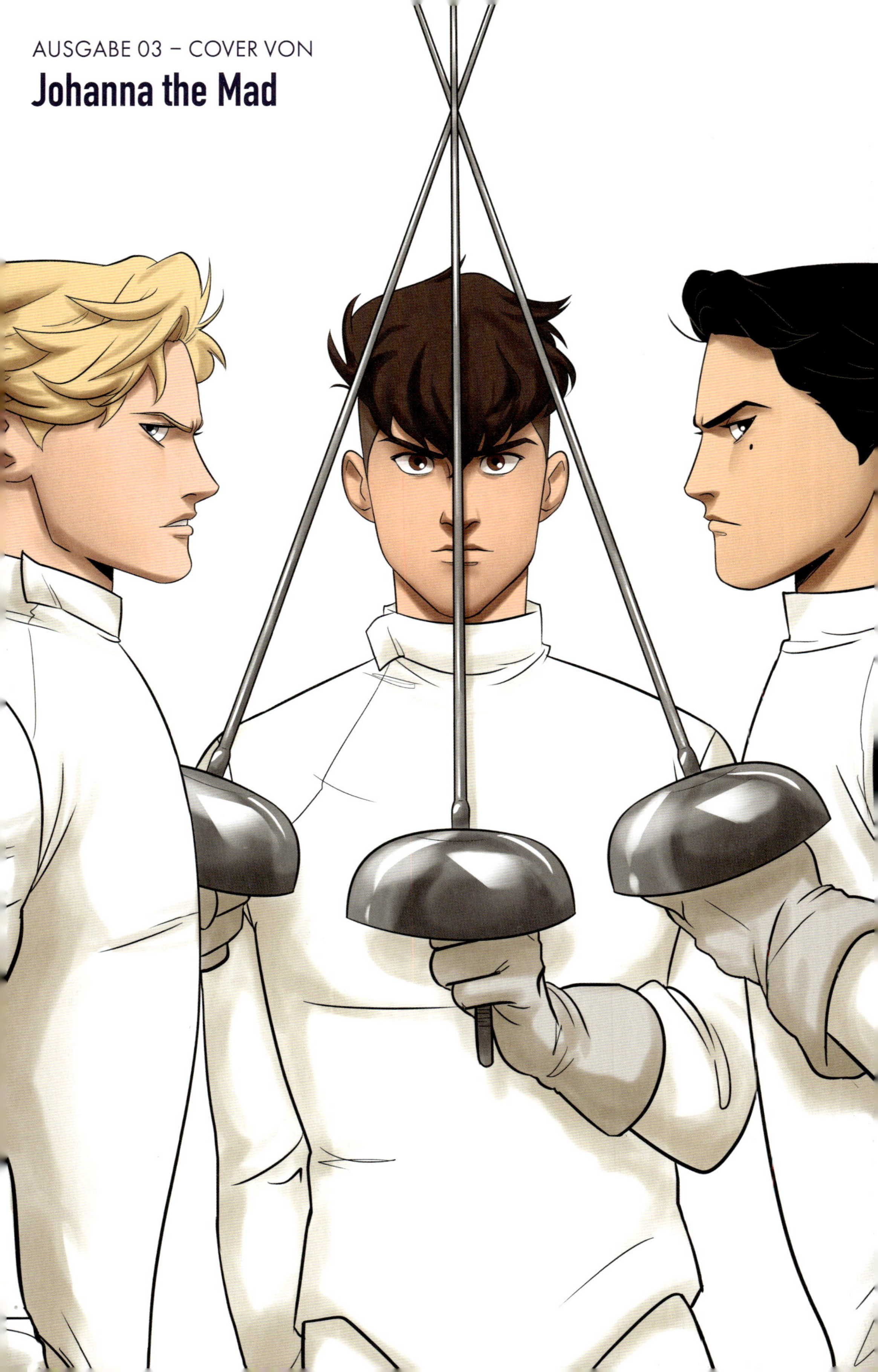

AUSGABE 04 – COVER VON

Johanna the Mad

NEUE ROMANE
IM FRÜHJAHR/SOMMER 2023 BEI

CROCU

WWW.CROCU.DE

ISBN: 978-3-98743-068-8 | APRIL 2023 | AUCH ALS COLLECTOR'S EDITION

ISBN: 978-3-98743-073-2 | MAI 2023

ISBN: 978-3-98743-079-4 | AUGUST 2023